Zur Wirtschafts- und Sozialstatistik der höheren Beamten in Preußen.

Von

Dr. Otto Most,
Bürgermeister der Stadt Sterkrade.

München und Leipzig.
Verlag von Duncker & Humblot.
1916.

Alle Rechte vorbehalten.

Altenburg, S.-A.
Pierersche Hofbuchdruckerei
Stephan Geibel & Co.

Vorbemerkung.

Diese Schrift stellt den Abdruck eines Aufsatzes dar, den im vergangenen Jahre „Schmollers Jahrbuch für Gesetzgebung, Verwaltung und Volkswirtschaft im Deutschen Reiche (Bd. 39, Heft 1)" gebracht hat. Sie beruht auf Ermittelungen, die kurz vor dem Kriege zum Abschluß gelangt waren. Das trotz der ungünstigen Zeit seines Erscheinens dem Aufsatz entgegengebrachte Interesse veranlaßte Verlag und Verfasser zu dem Entschluß, ihn nach Friedensschluß in Form einer besonderen Broschüre auch einem weiteren Interessentenkreise zugänglich zu machen. Besondere Umstände lassen diesen Entschluß schon jetzt zur Ausführung gelangen!

Sterkrade, Mai 1916.

Der Verfasser.

Inhalt.

	Seite
Die Entwickelung der Besoldungen im letzten Jahrhundert, verglichen mit der Preisgestaltung einerseits, der allgemeinen Hebung der Lebenshaltung anderseits	5
Beamtenbesoldung und Selbstkosten der Beamtenarbeit einst und jetzt	12
Die Unauskömmlichkeit der gegenwärtigen Besoldungen, dargetan an den Ergebnissen von Wirtschaftsrechnungen	13
Das unverhältnismäßige Zurückbleiben der Besoldung des höheren Beamten gegenüber dem Einkommen der ihm früher wirtschaftlich gleich- und nachstehender Schichten, dargestellt an den Ergebnissen der Steuerstatistik	16
Die Folgen all dessen, dargestellt an den persönlichen Verhältnissen von 499 höheren Staats- und Kommunalbeamten, ihrer Väter, Großväter und Kinder (Verzicht zahlreicher an sich geeigneter Kräfte auf den Staatsdienst und Übergang anderer ins freie Wirtschaftsleben; erzwungene Ehelosigkeit oder doch verspätete Eheschließung; Einschränkung der Kinderzahl; allmähliches Verschwinden alter Beamtenfamilien; Übergang des Nachwuchses in andere Berufe)	19
Ergebnis	42

Während der letzten Dezennien hat sich der Wohlstand des deutschen Volkes in staunenswerter Weise entwickelt. Nicht nur die Beobachtung des täglichen Lebens lehrt diese Tatsache, sondern sie ist auch schon mehrfach mit reichlichem statistischem Material schlagend nachgewiesen worden. In jener Denkschrift des Reichsschatzamtes zur Begründung des Entwurfs eines Gesetzes betreffend Änderungen im Finanzwesen (Reichstagsdrucksache 1909 Nr. 1035), die in anderen Partien Anlaß zu scharfer Kritik gab, findet sich eine wertvolle Abhandlung „Materialien zur Beurteilung der Wohlstandsentwicklung Deutschlands im letzten Menschenalter". Sie läßt deutlich erkennen, daß alle in Betracht kommenden Reihen, die Entwicklung der Einkommen, das Wachsen der zur Kapitalbildung verwandten Beträge und der in Bauten angelegten Summen, das Anwachsen der Produktionskraft einerseits, des Konsumvermögens anderseits, trotz verschiedener Gestaltung im einzelnen doch zu dem gleichen Endergebnisse führen. Und erst jüngst hat einer unserer besten Sachkenner, Karl Helfferich, in einer inhaltsvollen und lebendig abgefaßten Schrift[1] dargetan, wie in der Steigerung der Gütererzeugung und des Verkehrs, in der Erweiterung und Festigung unserer wirtschaftlichen Weltstellung, in der Verbesserung der Vermögensverhältnisse, in der Hebung der gesamten Lebenshaltung Deutschland sich insbesondere während des letzten Vierteljahrhunderts auf eine in seiner ganzen Geschichte niemals erreichte Stufe emporgearbeitet hat.

Leider reichen zuverlässige, mit der Gegenwart vergleichbare Materialien der Wirtschaftsstatistik nicht allzuweit zurück. Wäre es anders: die vorhandenen Schilderungen vom Leben der Vergangenheit, die immerhin als Symptome brauchbar, und zahlenmäßige Angaben aus einzelnen Gebieten der Gewerbestatistik, die uns überkommen sind, machen es gewiß, daß das Bild dieses Voranschreitens noch viel

---

[1] Deutschlands Wohlstand 1888 bis 1913. Berlin 1913.

mächtiger auf uns wirken würde, könnten wir es weiter, als uns heute möglich, zurückführen.

Die Gegensätze von einst und jetzt und gleichzeitig die Kräfte, aus denen die Wandlungen der äußeren Verhältnisse des Menschen und damit auch seines inneren Wesens entsprungen sind, hat vielleicht keiner der neueren Autoren treffender zur Darstellung gebracht als Werner Sombart in seiner "Deutschen Volkswirtschaft im 19. Jahrhundert." Die Ausbildung der wissenschaftlich-praktischen Technik und der alle Kräfte und Mittel wirksam zusammenfassenden wirtschaftlichen Organisation hat zusammen mit einer günstigen Entfaltung der Bevölkerung, all dieses vollbracht. Sie ist es gewesen, die dem ganzen Wirtschaftsleben einen anderen Charakter gab. In früheren Zeiten stand das wirtschaftliche Handeln des Menschen unter dem Ideal der "Nahrung", d. h. es verfolgte das Ziel des anständigen, standesgemäßen Auskommens für den Einzelnen; was darüber hinausging an Arbeit und Erwerb, hatte den Beigeschmack des Minderwertvollen, einer Sache, die höheren Lebenszwecken unterzuordnen war. Gott zu gefallen war die Parole; der Gewinn und das Gewinnstreben wurde von katholischer wie protestantischer Weltanschauung noch im 16. Jahrhundert gleicherweise verabscheut; und darum ging auch der technische Fortschritt nur langsam vor sich.

Heute beherrscht die Welt ein anderer Geist. An die Stelle der Mißachtung ist die Glorifizierung des Erwerbstriebs getreten (Wygodzynski)[1]; die Arbeit ist heilig, verkündete Carlyle, der Prophet des 20. Jahrhunderts, auch wenn sie dem Geldgewinne dient. Der Erwerb ward, wie der Vertreter der alten konservativen Zeit v. d. Marwitz einmal dem Reichsfreiherrn von Stein von seinem Standpunkt aus schaudernd zurief, der höchste Zweck des Staatsbürgers. Die Arbeit um des Gewinnes willen, der hochgespannte wirtschaftliche Konkurrenzkampf, in dem einer den anderen, ein Volk das andere zu überholen trachtet, der "kapitalistische Geist" ist es, der unsere Zeit in allen Schichten und in allen Klassen beherrscht.

Die Herrschaft dieses kapitalistischen Geistes ist nicht allen Ständen gleicher Weise zugute gekommen; die einen stiegen, die anderen sanken. Gestiegen sind diejenigen, deren Arbeit sich am schnellsten und sichersten in wirtschaftliche Erfolge und damit materielle

---

[1] Wandlungen der deutschen Volkswirtschaft im 19. Jahrhundert. Cöln 1907, S. 21.

Werte umzusetzen vermag: in erster Linie also die Führer der Industrie und des Handels einerseits, die Arbeiter und der „neue Mittelstand" der industriellen und kaufmännischen Angestellten anderseits. Gesunken sind einmal die, die infolge mangelhafter Ausbildung ihrer Technik und geschäftlichen Organisation hinter der Konkurrenz zurückbleiben mußten, wie zahlreiche Handwerker, und zum anderen die, deren Wirken überhaupt nicht unmittelbar = wirtschaftlichen, sondern vorwiegend allgemein=kulturellen Zwecken dient; hierzu gehören mit wenigen Ausnahmen die Gelehrten und die Beamten.

Daß der Beamte, insonderheit der höhere Beamte, seinem Vorgänger vor einem ganzen oder auch nur einem halben Jahrhundert gegenüber an Bedeutung im öffentlichen Leben und an persönlichem Gewicht verloren hat, steht fest. Nicht minder aber hat sich auch — beides hängt zusammen — seine wirtschaftliche Lage verschlechtert. Seine ideelle Position hat vor allem verloren durch den Übergang vom absoluten Staat zum konstitutionellen auf der einen, die Zurückdrängung idealerer Lebensauffassungen durch materialistisch orientierte auf der anderen Seite; seine materielle vor allem dadurch, daß die absolute Verbesserung seiner Einkommensverhältnisse auch nicht entfernt Schritt gehalten hat mit der Hebung der Einkommensverhältnisse derjenigen, mit denen er in früheren Jahrzehnten auf gleicher Stufe stand.

Die Begründung jeder Besoldung der Beamten und damit gleichzeitig das Prinzip ihres Ausmaßes geht nach allgemeiner Anschauung (vgl. von Heckel, Artikel „Besoldung und Besoldungspolitik" im Handwörterbuch der Staatswissenschaften) von der Natur des Staatsdienstes aus, wonach die Staatsbeamten ihre ganze Arbeitskraft dem Staate widmen, in der freien Ausnutzung ihrer Zeit behindert sind und um deswillen die Möglichkeit eines anderweiten Erwerbes ihnen benommen ist. Die Beamten sind also für ihren und ihrer Familie Unterhalt auf die Erträgnisse des Staatsdienstes angewiesen, und der Staat seinerseits kann sich bei der berufsmäßigen Arbeitsteilung und bei der Notwendigkeit eines technisch vorgebildeten und geschulten Personals, eine brauchbare und dienstbereite Beamtenschaft nur beschaffen, wenn er ihr die Sorge um den Erwerb des Lebensunterhalts abnimmt, unter billiger Berücksichtigung der Vorbildung und der sozialen Stellung der Betreffenden.

Diesen Gesichtspunkten hat die Besoldung der höheren Staatsbeamten in der ersten Hälfte des vergangenen Jahrhunderts im wesentlichen Rechnung getragen. Zwar waren zunächst bei der Re=

organisation der preußischen Verwaltung nach Beendigung der Befreiungskriege die Gehaltsverhältnisse die alten geblieben (abgesehen davon, daß durch Gesetz vom 11. Juli 1822 das Kommunalsteuerprivilegium der Beamten eingeführt wurde), aber auch so entsprachen sie alles in allem wohl berechtigten Ansprüchen der Beteiligten. Der Personal= und Besoldungsetat der Regierung zu Düsseldorf für 1816 sah z. B. an Gehältern vor[1]:

       für den Regierungspräsidenten . . 4000 Taler
       = die Direktoren . . . . 3000 =
       = den Oberforstmeister. . . . 2400
       = die Geheimen Regierungsräte. 1500—1800 Taler
       = die Regierungsräte . . . . . 900—1500 =

Dem Regierungspräsidenten stand außerdem freie Wohnung zu; beim Oberforstmeister sind die Reisekosten einbezogen.

Diese Gehälter blieben nicht allzusehr hinter denen zurück, die vorher unter dem westfälisch=französischen Regime im gleichen Gebiet gezahlt wurden und von denen Lotz in seiner „Geschichte des Deutschen Beamtentums" (S. 320) sagt, sie seien „für Deutschland . . . ungemein hoch" gewesen. Sie gehörten — das kann sicher behauptet werden, trotzdem genaue Feststellungen aus jener Zeit fehlen — zu den höchsten Einkommen am Orte. Vergleichsweise sei angeführt, daß der Oberbürgermeister von Düsseldorf, welcher Posten in der ersten preußischen Zeit fast durchweg von bereits im Richteramt tätig gewesenen Männern, in den 20er Jahren auch von einem als besonders tüchtig angesehenen Regierungsrate versehen wurde — die Stadt zählte damals 23 000 Einwohner und war an Seelenzahl die vierte in der Rheinprovinz — anfänglich 1000, später (bis in die 30er Jahre) 1200 Taler erhielt.

Die erste größere Besoldungsreform wurde unter Motz durchgeführt, trotz der damals ungünstigen Finanzlage in der Richtung einer Besserstellung, freilich ohne daß die höchsten Kategorien davon wesentlich betroffen wurden. Die Sätze blieben danach ein Menschenalter hindurch im wesentlichen unverändert. Erst im Jahre 1858 wurde mit einer allgemeinen Aufbesserung begonnen, die im Jahre 1868 ihren Abschluß fand. Ehe die dadurch bedingte Gehaltserhöhung aber noch ganz durchgeführt war, hatte es sich als notwendig herausgestellt, die Gehälter der zuerst aufgebesserten Unterbeamten und einiger mittlerer Beamten weiter zu erhöhen. Im Jahre 1872 erfolgte dann eine Steigerung der Gehälter aller Beamten, die im

---

[1] Nach Akten.

nächsten Jahre — 1873 — eine bedeutsame Ergänzung und Vervollständigung durch die Einführung des Wohnungsgeldzuschusses erfuhr.

Während danach in längerem Zeitraume keine wesentlichen Änderungen eintraten und nur im Bereiche der Justizverwaltung die Reichs-Justiz-Reform von 1879 eingreifende Gehaltsänderungen für die Justizbeamten herbeiführte, brachten die Jahre 1890 bis 1899 wieder eine allgemeine Gehaltserhöhung. Die letzte allgemein organisierte Neuregelung der Bezüge ist 1909 erfolgt. Sie ließ jedoch die höheren Beamten mit wenig Ausnahmen im allgemeinen unberücksichtigt[1].

Das Ergebnis dieser Entwicklung des Besoldungswesens im 19. Jahrhundert für die höheren Verwaltungsbeamten lehrt an dem Beispiel einiger besonders typischer Gruppen die folgende Zusammenstellung:

	1850 Mk.	1875 Mk.	1912 Mk.
Minister	30 000 + D.[2]	36 000 + D.[2]	36 000 + D.[2]
Oberpräsidenten	18 000 + D.[2]	21 000 + D.[2]	21 000 + D.[2]
Regierungspräs.	7 500 — 10 500 + D.[2]	11 400 + D.[2]	13 000 + D.[2]
Regierungsräte	2 400 — 4 800	4 200 — 6000 + W.[3] (W. = 480 — 600)	4 200 — 7200 + W.[3] (W. = 720 — 1300)

Auch für die Beurteilung dieser Reihen ist es außerordentlich zu bedauern, daß es an fast allen amtlich-statistischen Unterlagen fehlt, um wirklich korrekt die Steigerung der Einkommen mit der Steigerung der Bedürfnisse vergleichen zu können. Nur wenige zahlenmäßige Angaben lassen sich machen.

Werden die Gehälter der 20er bzw. 50er Jahre gleich 100 gesetzt und als Norm dort, wo Anfangs- und Endgehalt oder Spannungen in der Höhe des Wohnungsgeldzuschusses vorhanden sind, das arithmetische Mittel zugrunde gelegt, so ergibt sich, daß in den letzten rund 9 Jahrzehnten — seit der Motzschen Reform — gestiegen ist das Diensteinkommen

der Minister	von 100 auf 120
" Oberpräsidenten	" 100 " 117
" Regierungspräsidenten	" 100 " 140
" Regierungsräte	" 100 " 203

---

[1] Vgl. Sammlung der Drucksachen des Abgeordnetenhauses 1909, I. Bd., S. 114 ff.

[2] D = Dienstwohnung.

[3] W = Wohnungsgeldzuschuß. Die Spannung in dem Wohnungsgeldzuschuß entspricht dem Unterschied in der Höhe der Wohnungsgeldzuschüsse der in Frage kommenden Ortsklassen.

Wie anderseits die zur Befriedigung der wichtigsten Lebensbedürfnisse notwendigsten Gegenstände im Preise gestiegen sind, lassen andeutungsweise folgende auf amtlichem Material beruhenden Zahlen ersehen:

Im Jahre der letzten preußischen Besoldungsreform (1909) stellte sich nach der Soetbeerschen Berechnungsmethode[1] für Hamburg — und diese Steigerung darf auch für Preußen im ganzen als zutreffend angesehen werden — der Durchschnittspreis im Verhältnis zu der Preisgestaltung von 1850

für Ochsenfleisch . . . . . auf 192 %
  " Kalbfleisch . . . . . .   " 214 %
  " Hammelfleisch . . . .   " 151 %
  " Schweinefleisch . . . .   " 170 %

Schon 1850 aber standen die Fleischpreise wesentlich höher als in den 20er Jahren. Nach den Ermittlungen des Königlichen Preußischen Statistischen Landesamtes (Statistisches Handbuch für den Preußischen Staat Band I u. IV; Zeitschrift Jahrgang 1873, S. 181 ff.; Jahrgang 1876, S. 277 ff.) stellte sich im örtlichen Durchschnitt der preußischen Städte Königsberg, Danzig, Posen, Stettin, Berlin, Breslau, Magdeburg, Münster, Cöln, Aachen und im zeitlichen Durchschnitt eines Jahrzehnts der mittlere Preis für Rindfleisch 1821 bis 1830 auf 57 Pfg., 1841 bis 1850 auf 70 Pf.; der Schweinefleischpreis war in der gleichen Zeit von 62 auf 86 Pfg. pro kg gestiegen.

Für Getreide gibt Conrad im „Handwörterbuch der Staatswissenschaften" (Band IV, S. 803) eine Tabelle der Preise für Preußen alten Bestandes von 1816 bis 1907. Hiernach hat von den beiden Brotgetreiden Weizen 1907 auf 165 %, Roggen auf 147 % des Preises von 1821 bis 1830 (184 % des Preises von 1831 bis 1840) gestanden.

Eine wirklich weit zurückgreifende Wohnungsmietpreis-Statistik ist nur für Berlin vorhanden. Hier betrug der Durchschnittsmietpreis einer Wohnung 1815: 117 Mk. und 1830: 255 Mk. (nach den Angaben von Fuchs im Handwörterbuch der Staatswissenschaften Band VIII, S. 836). Demgegenüber stellte sich der Durchschnittsmietpreis im Jahre 1900 auf 585 Mk.[2] Für 1910 stehen die Er-

---

[1] Vgl. Soetbeer, Material zur Erläuterung und Beurteilung der wirtschaftlichen Edelmetallverhältnisse und der Währungsfrage, 2. Aufl. 1886; Gerlach im Handwörterbuch der Staatswissenschaften, 3. Aufl. IV. Bd., S. 365.

[2] Berliner Statistik, II. Heft, S. 62.

gebniſſe der entſprechenden Erhebungen noch aus. Allerdings ſind die Zahlen miteinander nicht durchaus vergleichbar, da die Wohnungen von jetzt nicht die gleichen ſind, wie die von einſt; immerhin iſt ein gewiſſer Anhalt damit gegeben.

Für die allerletzten Jahrzehnte mag ſchließlich noch folgende Gegenüberſtellung angeführt werden, der hinſichtlich der „Inderziffer" die in der „Monatsſchrift für deutſche Beamte" (38. Jahrgang 1914, S. 11 u. 196) veröffentlichten Tabellen zugrunde gelegt ſind: Wird die Inderziffer von 14 der wichtigſten Lebensmittel im Jahre 1885 gleich 100 geſetzt, ſo ergibt ſich ihre Höhe für 1912 mit 132. In der gleichen Zeit hat das Gehalt der Regierungspräſidenten ſich von 100 auf 120 gehoben, das Anfangsgehalt der Regierungsräte von 100 auf 138, das Endgehalt von 100 auf 157. Bei den letzteren iſt alſo eine größere Steigerung zugunſten der Gehälter erkennbar, freilich, wie aus den vorher gegebenen Daten abzuleiten, mehr als wett gemacht durch eine vorher beſonders geringe Bemeſſung.

Der Geſamteindruck jedenfalls iſt wohl der, daß die Beſoldungen alles in allem nicht im ſelben Maße geſtiegen ſind wie die Aufwendungen auf den beobachteten Gebieten, und dies ſchon unter der Vorausſetzung, daß Qualität und Quantität der beſchafften Gegenſtände unverändert geblieben ſind.

Tatſächlich aber liegen die Dinge weſentlich ungünſtiger. Einmal leiden unſere Zahlangaben daran, daß ſie ſich immerhin nur auf einen, wenn auch nicht geringen Teil der Geſamtausgaben beziehen, zum andern und vor allem aber daran, daß ſie völlig unberückſichtigt laſſen die außerordentliche Hebung der Lebenshaltung, die im Laufe des letzten halben Jahrhunderts in Deutſchland Platz gegriffen hat. Bei Beurteilung der ganzen Sachlage kommt es weniger darauf an, ob der heutige Verwaltungsbeamte mit dem heutigen Gehalt abſolut genommen ungefähr die gleichen Dinge für ſich und ſeine Familie erwerben kann wie vor einem Jahrhundert, ſondern vielmehr darauf, ob er in der Lage iſt, aus ſeinem Dienſteinkommen die Koſten einer Lebenshaltung zu beſtreiten, die auch nur einigermaßen ſich in gleicher Weiſe wie vordem in das Geſamtniveau der Schichten einfügt, in denen oder gar über denen er früher ſtand. Iſt er dazu nicht in der Lage, muß er eben auf der ſozialen Stufenleiter ſinken, es ſei denn, daß ihm noch andere finanzielle Hilfsmittel, aus Vermögen oder dergleichen, zur Verfügung ſtehen.

Unter diesem Gesichtswinkel befriedigt die gegenwärtige Sachlage ebensowenig wie die Entwicklung, wird der Durchschnitt (Ausnahmen bestehen natürlich, namentlich unter besonders günstigen örtlichen Verhältnissen) ins Auge gefaßt.

Diese Behauptung findet ihre Begründung in der täglichen Erfahrung zahlreicher höherer Beamten ohne Vermögen. Eine starke Stütze gewinnt sie aber weiter durch die Ergebnisse einiger statistischer Untersuchungen, die in diesem Zusammenhange wiedergegeben sein mögen.

Nach Abschluß der Besoldungsreform von 1872 veröffentlichte Ernst Engel, der damalige Direktor des Königlichen Preußischen Statistischen Bureaus, in dessen Zeitschrift (Jahrgang 1876, S. 416 ff.) eine eingehende, noch heute außerordentlich interessante Arbeit über den „Preis der Arbeit im preußischen Staatsdienste". Ihre wichtigsten Resultate sind folgende:

Das Durchschnittsgehalt des höheren Beamten in Preußen stellte sich 1875 ohne den Wohnungsgeldzuschuß auf 4082 Mk. Die „Selbstkosten" der von dem Beamten dafür geleisteten Arbeit ließen sich gleichzeitig durchschnittlich auf 4814 Mk. annehmen, welcher Betrag sich aus 1903 Mk. Annuität zur Tilgung des für den Mann und 537 Mk. zur Tilgung des für die Frau aufgewendeten Erziehungs- und Bildungskapitals, ferner 2025 Mk. Erhaltungskosten ohne die Wohnung (zu deren Beschaffung dient ja der Wohnungsgeldzuschuß) und 350 Mk. Aufwendungen für Witwen- und Waisenversorgung durch Versicherung eines Kapitals auf den Todesfall zusammensetzt. Mag diese Berechnung der „Selbstkosten" der Beamtenarbeit auch im einzelnen anfechtbar sein, bemerkenswert ist auf jeden Fall, daß hiernach die tatsächlichen Durchschnittsgehälter die tatsächlichen Selbstkosten schon damals nicht deckten, trotzdem bei der Berechnung der letzteren Unterhalt und Erziehung von Kindern überhaupt keine Stelle gefunden hatten. Hierzu heißt es a. a. O. (S. 488) — und damit ist schon ein bemerkenswerter Hinweis auf die unten noch weiter zu behandelnden Zusammenhänge zwischen Besoldungshöhe und Kinderreichtum enthalten —:

„Im allgemeinen leuchtet ein, daß, wenn in dem Jahresgehalte der Beamten die jährlichen Tilgungsraten des Erziehungs- und Bildungskapitals des Mannes und der Frau enthalten sind, diese Raten wiederum zur Erziehung ausreichen werden, sobald der Kindersegen der Familie nur aus einem Sohne und einer Tochter besteht. Wie aber, wenn mehr als zwei Kinder zu ernähren und zu erziehen sind? Aus welchen Einkünften werden die Erziehungskosten dann bestritten, da es doch notorisch ist, daß unsere Beamten in der Regel mehr als zwei Kinder, und ebenso notorisch, daß sie in der allergrößten Mehrzahl kein anderes Vermögen als sich selbst, kein anderes Einkommen als das ihrer Hände- und ihrer Geistesarbeit haben? Auf diese Fragen versuchten schon die Ausführungen in der Schrift: ‚Der Preis der Arbeit' in Heft 20 und 21 der Sammlung gemeinverständlicher Vorträge, herausgegeben von R. Virchow und Fr. v. Holtzendorff, Berlin 1866, Auskunft zu geben. Der Kern derselben ist, daß die berechneten und im Gehalt ausgezahlten Annuitäten in Wirklichkeit von dem Beamten ja nicht nach ihrem vollen Betrage zurückgestellt, sondern, daß die Erziehungskosten in dem Maße aufgebracht werden, wie es die Zahl der Sprößlinge und deren Erziehungskosten bedingen. Stellt sich ein reicher Kindersegen ein, nun — so geht es eben in der Familie knapp her; die Erziehungs- und Bildungsperiode der einzelnen Kinder wird tunlichst abgekürzt, ihre produktive Periode eher herbeigeführt. Die Söhne studieren nicht, sondern lernen ein Handwerk oder gehen in ein Handelsgeschäft, die Töchter, wenn ihre Arbeitskraft nicht genug Verwertung durch Unterstützung der Mutter in der Wirtschaft oder durch sonstige häusliche Arbeiten findet, werden Lehrerinnen, Telegraphistinnen oder suchen sonst einen redlichen und lohnenden Erwerb usw."

Seit 1875 haben sich die Verhältnisse trotz der Besoldungserhöhung nicht gebessert, sondern infolge der allgemein, namentlich in den größeren Städten eingetretenen starken Steigerung der Lebenshaltungskosten im großen nnd ganzen verschlechtert.

In sehr charakteristischer Weise erhellt dies aus den wertvollen Materialien, die Richard Ehrenberg in seinem „Thünen-Archiv" (Band 2, 1909, S. 316 ff.) aus einem „Beamten-Haushalt 1876 bis 1906" auf Grund von 31 Jahre hindurch sorgsam geführten Rechnungsbüchern veröffentlicht hat. Der höhere Beamte, um den es sich hier handelt und dessen Einkommen einschließlich des Wohnungsgeldzuschusses, jedoch ohne dienstliche Nebeneinnahmen (schwanken zwischen 72 und 554 Mk.), in der Berichtszeit von 3816 Mk. auf 8200 Mk. gestiegen ist, hat sparsam und gewissenhaft gewirtschaftet; er raucht, spielt und trinkt nicht und „hat nur die eine Leidenschaft, von Zeit zu Zeit eine kleine Reise zu machen." Seine Frau ist ebenso tüchtig, die Kinder sind anspruchslos erzogen. Dazu gesellen sich weitere günstige Umstände: die Familie ist sehr gesund, so daß die Gesundheitspflege wenig Ausgaben erfordert. Der Beamte selbst ist mit 40 Dienstjahren noch rüstig und arbeitsfähig. Die Verfügung über größere Bibliotheken in den späteren Wohnsitzen ermöglicht Sparsamkeit in der Bücheranschaffung; auch die Wohnungsfrage konnte stets mit Glück und Geschick gelöst werden. Kurz, es handelt sich um einen Fall „besonders tüchtiger und vom Glück begünstigter Wirschaftsführung". Und was ist das wirtschaftliche Endresultat dieser drei Jahrzehnte voll treuer Arbeit und sparsamer Haushaltung? Ehrenberg faßt sie wie folgt zusammen:

1. Ein höherer Beamter, dessen Diensteinkommen sich im Laufe der letzten 30 Jahre ungefähr verdoppelt hat, nämlich von 4300 auf 8200 Mk. gewachsen ist, hat trotz größter Sparsamkeit und Tüchtigkeit, obwohl ferner das Glück ihm günstig war, dennoch mit seinem Diensteinkommen niemals Frau und drei bis vier Kinder standesgemäß unterhalten können, sondern es blieb im ganzen ein **Fehlbetrag von über 20 000 Mk.** zu decken, der durch Zinsen, Privatarbeit, Pensionäre usw. gedeckt werden mußte.
2. In seinen jüngeren Lebensjahren konnte der Beamte, dank seiner Sparsamkeit, seinem Fleiß, seiner wirtschaftlichen Befähigung und den gleichen Eigenschaften seiner Frau, im ganzen etwa 5000 Mk. **erübrigen**, aber in höheren Jahren mußte er diesen Zuwachs und außerdem noch etwa 3000 Mk. von seinem kleinen Vermögen wieder **opfern**. Das wird noch einige Jahre fortdauern, bis die Kinder sich selbst unterhalten können.
3. Dieses ungünstige Endergebnis ist verursacht worden durch die hohen Kosten der Kindererziehung, sowie durch die starke **Preissteigerung** des letzten Jahrzehnts, der keine Steigerung der Einnahmen folgte.
4. Das hier vorliegende Beispiel ist keineswegs ein besonders ungünstiges. Im Gegenteil: es liegt jedenfalls **über dem Durchschnitte der Haushaltungen höherer Beamten.** Auch das Kapitel „Kleidung, Unterricht und Unterhaltnng der Kinder" ist selbst in der letzten Periode ganz gewiß nicht so hoch wie in den meisten ähnlichen Haushaltungen.

Für die erwähnte Preissteigerung charakteristisch ist das außerordentlich starke Anwachsen des „Wirtschaftsgeldes" (Beköstigung ohne Getränke, Reinigung der Wohnung, Wäsche und Beleuchtung, berechnet auf den Kopf des Hausstandes), während des letzten Jahrzehnts von 295 Mk. auf 390 Mk. p. a., trotzdem in diesem Zeitraume die Lebensführung, insbesondere zum Beispiel der Fleischverbrauch, **immer bescheidener geworden ist.** Letzteres tritt, wie der Bearbeiter hinzufügt, „ganz außerordentlich lebhaft in die Erscheinung, wenn die Beteiligten vergleichen, wie sie vor 30 Jahren gelebt, insbesondere sich verköstigt haben, und wie sie jetzt leben."

Daß es sich in der Tat bei dem ungünstigen Ergebnis des fraglichen Beamten noch um einen besonders günstigen Fall handelt, lehrt ein Vergleich mit den **„Zwei Wirtschaftsrechnungen von**

Familien höherer Beamter", die das Kaiserliche Statistische Amt in einem Sonderheft zum Reichs=Arbeitsblatt (1911) veröffentlicht hat. Hier handelt es sich in dem einen Fall um die Rechnungsführung eines höheren Beamten der preußischen Bauverwaltung während der 15 Jahre 1894 bis 1908, im anderen um diejenige eines ständigen Mitgliedes (in den ersten Jahren Hilfsarbeiters) eines staatlichen wissenschaftlichen Instituts in Berlin. Dort waren drei, hier fünf Kinder vorhanden. Die mitgeteilten Zahlen lassen erkennen, daß auch in diesen Fällen weder für Geselligkeit noch für Luxusbedürfnisse besonders erhebliche Ausgaben gemacht worden sind. Die jährliche Gesamtausgabe ist im ersten Falle während der Berichtszeit von 6600 Mk. auf 12 509 Mk., im zweiten Falle von 3804 Mk. auf 9867 Mk. gestiegen. In beiden Fällen aber vermochte das Diensteinkommen nur rund zwei Drittel der Gesamtausgaben zu decken, und zwar ist — das erscheint besonders wichtig — der Anteil des Diensteinkommens an der Deckung der Gesamtausgaben in beiden Fällen im Laufe der Jahre zurückgegangen, trotzdem es mit zunehmendem Dienstalter die planmäßige Steigerung erfuhr.

Waren aber vielleicht die Ausgaben doch im Vergleich zu denen anderer Haushaltungen mittelbürgerlichen Gepräges hoch?

Einen guten Maßstab zur Beantwortung dieser Frage bietet jenes „Mittelbürgerliche Budget" über einen zehnjährigen Zeitraum 1896 bis 1906, das in Henriette Fürth (Jena 1907) eine liebevolle Bearbeiterin gefunden hat. Die Familie setzt sich hier zu Anfang und zu Ende der Berichtsperiode aus acht Personen zusammen. Die Wirtschaftsführung ist eine überaus sparsame. Kaum ein einziger Posten findet sich, an dem gerüttelt oder der wesentlich vermindert werden könnte, ohne den Gesamthabitus der Familie empfindlich zu schädigen. Das Bekleidungsbudget beträgt im Durchschnitt pro Kopf und Jahr nur 157 Mk. (!), das Ernährungsbudget pro Tag und Kopf 0,90 Mk., und diese bescheidenen Ansätze werden erforderlich trotz eines Einkommens von durchschnittlich 10 359 Mk. pro Jahr. Allerdings handelt es sich um eine vielköpfige Familie, um eine teuere Stadt und um verhältnismäßig hohe Ausgaben für Versicherungszwecke. Werden diese Ausgaben aber auch auf 600 Mk. rebuziert, wird weiter nur eine „normale", d. h. mit Einrechnung eines Dienstboten sechs Köpfe zählende Familie unterstellt, so verringern sich doch die Ausgaben nur um etwa 2260 Mk. und stellen sich immerhin noch auf 8100 Mk. Diese setzen also ein Einkommen voraus, von dem, wie Henriette Fürth (S. 81) zutreffend sagt:

"Millionen glauben, daß man es gar nicht klein kriegen könne, ein Einkommen, von dem man alle möglichen Nebenleistungen verlangt, das seine Träger zu einer Fülle repräsentativer Leistungen verpflichtet und das in Wirklichkeit seine Verwalter und Verbraucher zu allen möglichen Kunstgriffen und zu tausendfältiger Entsagung zwingt, um nur eben durchzukommen"; ein Einkommen, fügen wir hinzu, das selbst die im Organismus der preußischen Beamtenschaft verhältnismäßig gut dotierten Regierungsräte auch im Endgehalt nur dort erreichen, wo einem hohen Wohnungsgeldzuschuß entsprechend teure Wohnungsverhältnisse gegenüberstehen, und das fast genau dem entspricht, was auch der an erster Stelle als Beispiel herangezogene höhere Beamte als Endgehalt bezog[1].

Die Verteuerung der Lebenshaltung, von der mehrfach die Rede war und unter der die auf ihr festes Einkommen angewiesenen Beamten naturgemäß besonders leiden, hängt zum guten Teil zusammen mit der starken Steigerung der Einkommen in anderen Schichten der Bevölkerung, insbesondere in den Kreisen des Handels und der Industrie. Wie diese Steigerung jedenfalls viel schneller vor sich gegangen ist als diejenige der Beamtenbesoldung, und wie infolgedessen gleichzeitig derjenige höhere Beamte, dem kein Vermögen zur Verfügung steht, und damit der ganze Stand in der wirtschaftlichen Stufenleiter naturnotwendig hat sinken müssen, lehrt an einigen charakteristischen Beispielen die preußische Steuerstatistik[2]. Nach ihr gab es in runden Zahlen physische Zensiten mit einem höheren steuerpflichtigen Einkommen, als es z. B. einem Regierungs-Präsidenten aus seinem Amte zufließt, in Preußen:

1855	4 700	1895	37 000
1864	7 000	1905	49 000
1875	10 000	1910	52 000
1885	14 000	1912	63 000

---

[1] Die Arbeit von Emminghaus in den Jahrbüchern für Nationalökonomie und Statistik, III. Folge, 28. Bd., S. 650 (zum Kapitel der Haushaltskosten) ist mir bekannt. Sie bietet aber für das vorliegende Thema keine Ausbeute.

[2] Vgl. zum folgenden Wagner, Zur Methodik der Statistik des Volkseinkommens und Volksvermögens, Zeitschrift des Kgl. Preuß. Statist. Bureaus, 1904, S. 41 ff. und 229 ff.; die Statistik der preuß. Staatseinkommensteuerveranlagung für die Steuerjahre 1892—1913; ferner den neuesten Jahrgang (1913) des Statistischen Jahrbuchs für den Preußischen Staat.

Der besonders große Sprung von 1885 auf 1895 ist natürlich zum Teil auf die schärfere Erfassung der Einkommen infolge der neuen Steuergesetzgebung zurückzuführen. Immerhin bleibt die außerordentliche Zunahme der höheren Einkommen ersichtlich. Das gleiche Bild ergibt sich bei entsprechenden Vergleichen in Ansehung anderer Beamtenkategorien.

So hatte ein preußischer Minister 1855 nur 537 Zensiten im ganzen Staate über sich, die sich eines höheren Einkommens[1] als er erfreuten; 1880 waren es schon 1870, 1910 aber 14 237, 1913 gar 21 497. Die höchsten Staatsbeamten sind also, legt man den Gesichtspunkt des Einkommens zu Grunde, heute schon weit unter die Grenze der „oberen Zehntausend" herabgesunken.

Wird schließlich noch der auch bislang stets als Beispiel herangezogene Regierungsrat mit seinem durchschnittlichen Einkommen in das Gesamtgefüge der Zensiten einrangiert, so mögen 1855 in Preußen rund 25 000 zu einem höheren Einkommen als er veranlagte Personen vorhanden gewesen sein, 1880 50 000, 1913 weit über 200 000.

Selbstverständlich ist die durch vorstehende Zahlen gekennzeichnete Verschiebung nicht im ganzen Staatsgebiete gleichmäßig vor sich gegangen: weniger im Osten (wo bei im allgemeinen billigerer und weniger anspruchsvoller Lebenshaltung auch der vermögenslose höhere Beamte sich wirtschaftlich besser halten kann), in besonders ausgeprägtem Maße dagegen im industriellen Westen und hier wiederum am meisten in solchen Städten, die einen bevorzugten Aufenthaltsort größerer Vermögen und Einkommen bilden. So hatten z. B. in Düsseldorf ein höheres steuerpflichtiges Einkommen als der höchste staatliche Verwaltungsbeamte am Platze:

```
1880 . . . . . . 135 Personen
1900 . . . . . . 832    =
1910 . . . . . . 1222   =
1913 . . . . . . 1456   =
```

Die Zahl hat sich also in einem Menschenalter fast verelffacht, während die Bevölkerung gleichzeitig nur von rund 100 000 auf rund 400 000 angewachsen ist.

In diesem Zusammenhange sei als interessantes Dokument der Vergangenheit ein Rundschreiben angeführt, das der „Vorstand des Vereins von Aktionären des Barmer Bankvereins" am 12. Juni

---

[1] Die Dienstwohnung des Ministers ist mit 6000 Mk. angesetzt worden.

1876 an die Aktionäre der Kommanditgesellschaft a. A. sandte und das gegen die allzu großen Bezüge namentlich des persönlich haftenden Gesellschafters H. Stellung nahm. Darin wird hingewiesen auf „alle die Gaben, welche das Füllhorn in Gestalt von Gehältern, Repräsentationsgeldern, in Summe 20000 Taler pro Jahr, Tantiemen usw. über ihn ausgegossen hat" und dazu in einer Anmerkung gesagt:

„Es waren zu einer Zeit allein an festem Gehalt: 6000 Taler vom Barmer Bankverein, 5000 Taler bei Hinsberg, Lübke & Co. in Berlin, 5000 Taler bei Hinsberg, Jacobsen & Co. in Brüssel und 4000 Taler bei der Bergisch-Märkischen Industrie-Gesellschaft. Welches Gehalt bezieht dagegen ein Oberbürgermeister, ein Regierungs-Präsident, ein Staatsminister?"

Nach dem ganzen Ton, in dem dies gesagt wird und das Rundschreiben überhaupt abgefaßt ist, scheint es damals doch noch als etwas Abnormes gegolten zu haben, daß die Führer des Handels und der Industrie so ganz wesentlich höhere Besoldungen beziehen als die Männer an der Spitze der Zivilverwaltung, die, sollen die Dinge keinen Schaden leiden, jenen an Intelligenz, Tüchtigkeit, Kenntnissen und Eifer nicht nachstehen dürfen. Heute ist solches zur Selbstverständlichkeit geworden, und ein Einkommen von 60000 Mk. hat in den Zentren des Wirtschaftslebens den Charakter des Außergewöhnlichen verloren. In der einzigen Stadt Düsseldorf gab es 1913[1] nicht weniger als 307 Steuerpflichtige, die mit einem Einkommen von 60000 Mk. und mehr, davon 21 mit einem solchen von über einer halben Million veranlagt waren. 1848 — das lehrt ein anderes interessantes Zeitdokument (Düsseldorfer Zeitung vom 11. Mai dieses Jahres) — bedeutete ein Übertritt aus leitender Stellung der Industrie in die höheren Posten der Staatsverwaltung auch einen finanziellen Gewinn: Kühlwetter, der von der Direktion der Düsseldorf-Elberfelder Eisenbahn zum Regierungspräsidenten in Aachen berufen wurde, hatte in Düsseldorf 2400, in Aachen außer freier Wohnung mindestens 2500 Taler Gehalt, und dabei schien jene Summe noch den Kritikern der damaligen Zeit übermäßig hoch zu sein. Gegenbeispiele aus der Gegenwart anzuführen, dürfte sich erübrigen.

Die Folgen dieser Entwicklung sind bekannt: Erzwungenes Fernbleiben mancher hervorragenden Kraft, der die Unterlage eines

---

[1] Vgl. den städtischen Verwaltungsbericht 1912, S. 22 ff.

ererbten oder erheirateten Vermögens fehlt, vom staatlichen Verwaltungsdienste, der damit weiteren Volkskreisen von vornherein verschlossen ist, Übergang andererseits nicht selten gerade der Tüchtigsten aus dem Staatsdienst in die Privat-Industrie; bei den im Staatsdienst Verbleibenden Einschränkung der Kinderzahl und Überleitung des Nachwuchses in Berufe, die größere wirtschaftliche Aussichten bieten als die Staatsverwaltung. In allen vier Fällen hat die Allgemeinheit den Schaden davon, auch im letzten, denn wenn es auch zweifelsohne vorteilhaft wirkt, daß immer neues Blut in die Staatsverwaltung hineinkommt, insbesondere aus Schichten, die ihr bis dahin fernstanden, so ist doch für den Staat nicht minder wertvoll das Vorhandensein möglichst zahlreicher Familien, in denen sich die alten preußischen Beamtentugenden wie eine Familientradition von Generation auf Generation fortpflanzen. In der Konstanz solcher Familien sind wichtige Voraussetzungen für die Charakterbildung gegeben, in ihren Gliedern pflegt gemeinhin ein gewisser Stolz auf ihre Beamteneigenschaft stärker ausgeprägt zu sein als bei anderen, ein Stolz, über dessen Berechtigung man ja streiten mag, der aber jedenfalls das eine köstliche Gut in sich birgt: eine Freude am Beruf, die den von ihr Beseelten einen gewissen Ausgleich für die wirtschaftlich weniger günstige Lage zu bieten vermag. So stehen in der Tat, wie es einmal ausgedrückt wurde[1], „hohe Werte auf dem Spiele, wenn ihre materielle Lage es den gebildeten Ständen (insbesondere den höheren Beamten) nicht mehr erlaubt, den ideellen Anforderungen ihres Standes Genüge zu tun."

Welche Verluste der Staat dadurch erleidet, daß an sich für die Verwaltung geeignete Persönlichkeiten ihr fernbleiben oder ihr untreu werden, läßt sich nur vermuten, nicht aber statistisch nachweisen; wohl aber ist dies wenigstens stichprobenweise der Fall in Ansehung der beiden anderen Faktoren, seitdem der Regierungspräsident in Düsseldorf, Herr Wirkl. Geh. Oberregierungsrat Dr. Kruse, im Sommer 1913 eine Erhebung über die persönlichen Verhältnisse aller bei der Königlichen Regierung in Düsseldorf und den ihr unterstellten Staats- und Kommunalbehörden beschäftigten höheren Beamten durchgeführt hat und das eingegangene Material von mir aufgearbeitet worden ist.

Die Erhebung erfolgte vermittels eines besonderen Fragebogens, der, soweit Staatsbeamte in Frage standen, von den Angehörigen

---

[1] Vgl. die nach der „Deutschen Arbeitgeber-Zeitung" zitierende Nr. 122 der „Rhein.-Westf. Zeitung" vom 29. Januar 1913.

der fünf Rangklassen und, soweit es sich um Kommunalbeamte handelte, von den besoldeten Bürgermeistern uud Beigeordneten sowie denjenigen sonstigen höheren Beamten von Stadt- und Landgemeinden auszufüllen war, bei denen für die Erreichung ihres gegenwärtigen Amtes mindestens abgeschlossene Universitäts- oder sonstige Hochschulstudien gefordert worden waren. Hinsichtlich der Bürgermeister ist bei den nachfolgenden Vergleichen und Zusammenstellungen zu beachten, daß sie zum Teil (in kleinen Städten, in Landbürgermeistereien) ohne akademische Bildung, zum Teil aus dem Kreis der Subalternbeamten hervorgegangen sind. Im ganzen sind Angaben für 268 unmittelbare Staats- und 231 Kommunalbeamte[1], insgesamt also für 499 Personen eingegangen. Das Material bezieht sich hiernach zwar nur auf die höheren Beamten eines Regierungsbezirkes, erfaßt diese aber fast lückenlos und darf um so höher bewertet werden, als es sich einmal um den größten Bezirk des Staates handelt und zum anderen um etwas Neues, denn eine irgend wie ähnlich detaillierte Statistik über die persönlichen Verhältnisse der höheren Beamtenschaft, insbesondere der höheren Verwaltungsbeamten, liegt bislang nicht vor. Als ein für den Wert der Erhebung besonders glücklicher Umstand kommt noch hinzu, daß der Regierungsbezirk Düsseldorf auch gerade derjenige Teil nicht nur des Staates sondern auch des ganzen Reiches ist, in dem die Kommunalverwaltung ihre schnellste Blüte, ihre größte Bedeutung und stärkste Ausgestaltung genommen hat, ein Vergleich zwischen den Verhältnissen der unmittelbaren Staats- und der Kommunalbeamten hier also besonders naheliegt und interessant ist.

Allerdings wird bei diesem Vergleich nicht außer Acht gelassen werden dürfen, daß die Gehälter der Gemeindebeamten in den verschiedenen Reichsteilen entsprechend den erheblichen Verschiedenheiten in den Teuerungsverhältnissen und in der ganzen Struktur der

---

[1] Die 268 unmittelbaren Staatsbeamten setzen sich folgendermaßen zusammen: 68 Beamte (Präsidenten, Räte, Assessoren und diesen gleichgestellte Beamte) der Königl. Regierung in Düsseldorf, 11 Beamte der Einkommensteuerveranlagungskommissionen (Räte und Assessoren), 3 Beamte der Königl. Polizeidirektion Essen (in den übrigen Städten ist kommunale Polizei), 28 Beamte (Landräte und Assessoren) der Landratsämter, 27 Kreis- und Gerichtsärzte, 19 Kreistierärzte, 25 Baubeamte (Hochbau-, Meliorationsbau-, Hafenbaubeamte) außerhalb der Düsseldorffer Regierung, 29 Gewerbeaufsichtsbeamte (Räte, Inspektoren, Assessoren) außerhalb der Düsseldorfer Regierung, 18 Direktoren gewerblicher Lehranstalten, 5 Gefängnisdirektoren, 29 Kreisschulinspektoren und ihnen gleichgestellte Beamte, 6 Oberförster.

Kommunalverwaltung größere Unterschiedlichkeit aufweisen als diejenigen der Staatsbeamten. Ferner steht dem an sich wohl naheliegenden Gedanken, auch die Besoldungssteigerungen auf beiden Seiten im Laufe der Jahrzehnte einander gegenüberzustellen, die Erwägung entgegen, daß der Inhalt der kommunalen Beamtenstellungen sich mit der Entwicklung der deutschen Stadtverwaltung und dem Wachstum der Gemeinden namentlich in den letzten Dezennien ganz wesentlich verändert hat, während gleiches bei den Staatsstellungen nicht zutrifft. Bei Gegenüberstellung der Gehälter etwa des Regierungsrates an den Bezirksregierungen früher und jetzt handelt es sich um im wesentlichen die gleiche Stellung bei gestiegener Besoldung, also um eine Erhöhung der Bezüge für gleich gebliebene Leistungen. Bei den leitenden Gemeindebeamten liegen die Dinge völlig anders.

Der Düsseldorfer Oberbürgermeister nimmt beispielsweise heute eine Stellung ein, die von Grund aus verschieden ist von derjenigen seiner Amtsvorgänger etwa der 20er Jahre des vergangenen Jahrhunderts, wo man Mühe hatte, tüchtige Männer zu finden, denen sie begehrenswert erschien, oder in den 30er und 40er Jahren, wo sie lange Zeit provisorisch von einem beurlaubten Regierungssekretär verwaltet wurde. Die eingetretenen Erhöhungen der Besoldung für Wahrnehmung eines Amtes, das den gleichen Namen wie vor einem ganzen oder halben Jahrhundert trägt, sind darum ganz anders zu beurteilen, wie diejenigen der höheren Staatsbeamten. Das erhellt ohne weiteres aus folgenden Beispielen, wobei freilich nicht gesagt werden soll, daß die Aufbesserung hier nicht auch vielfach relativ umfänglicher gewesen ist als dort.

In Düsseldorf bezog der Oberbürgermeister im Jahre 1850[1] 1600 Taler — sein Einkommen deckte sich also damals mit dem Endgehalt eines Regierungsrats —, wovon allerdings 400 Taler eine persönliche Zulage des Stellungsinhabers waren. 1860 ist die Besoldung einschließlich etwaiger persönlicher Zulagen auf 2000, 1870 auf 3000, 1880 auf 4000 Taler gleich 12000 Mk. gestiegen. Heute beträgt sie 25000 Mk., wozu noch die Dienstwohnung im pensionsberechtigten Werte von 6000 Mk. hinzukommt. In den 50er Jahren wurde an Stelle eines unbesoldeten ein besoldeter Beigeordneter angestellt Sein Gehalt betrug 500 Taler. Heute schwanken die Gehälter der Düsseldorfer Beigeordneten, soweit sie nicht Techniker

---

[1] Die Angaben sind Akten, Haushaltsvoranschlägen und einigen stadtgeschichtlichen Werken entnommen.

mit höheren Bezügen sind, je nach dem Dienstalter zwischen 6000 und 12 000 Mark und bleiben damit noch wesentlich hinter der Gehaltsnormierung anderer, vergleichbarer Verwaltungen wie Frankfurt a. M. und Cöln zurück.

In der gleichen Zeit, also von Mitte des vergangenen Jahrhunderts bis zur Gegenwart sind gestiegen: die Bezüge des Oberbürgermeisters in Barmen (die Taler in Mark umgerechnet) von 4750 auf 21 500 Mk.,[1]) in Aachen von 6000 auf 23 000 Mk., in Elberfeld von 6000 auf 24 000 Mk., in Essen von 2580 auf 25 000 M., wozu noch Dienstwohnung tritt. Der Oberbürgermeister von Solingen bezog 1867 2400 Mk., 1913 außer der Dienstwohnung 15 000 Mk.; derjenige von Bonn 1860 4200 Mk., 1913 21 000 Mk. Die ältesten Angaben für besoldete Beigeordnete aus diesen Städten sind: Barmen 1864 und Elberfeld 1862 1000 Taler; Essen hat den ersten besoldeten Beigeordneten erst 1873 mit 4800 Mk. angestellt.

Eine wichtige Quelle für die **gegenwärtigen Besoldungsverhältnisse der Magistratspersonen** bietet, soweit die größeren preußischen Städte und Landgemeinden mit 10 000 und mehr Einwohnern in Frage kommen, der „Taschenkalender für Verwaltungsbeamte", herausgegeben von A. und E. Petersilie. Dieser gibt für alle diese Gemeinden in einer besonderen Übersicht die Namen jeder Magistratsperson (Bürgermeister, Gemeindevorstand, Beigeordneter, Stadtrat usw.) nebst deren Besoldung einzeln und alljährlich an.

Zu einer übersichtlichen Darstellung verarbeitet wurde dieses Material für 1911 von Erich Petersilie in der Zeitschrift „Verwaltung und Statistik" (Jahrgang 1912, S. 47 und 74). Die wesentlichen Ergebnisse bietet die Tabelle auf S. 23, die P. noch durch eine zweite ergänzt, in der die verschiedenen Gruppen nach der Größe der Städte geschieden werden.

Der Autor versucht dann einen **Vergleich mit den Gehältern der gleichstehenden Staatsbeamten** zu ziehen, wobei er zu folgenden Ergebnissen gelangt, die wiedergegeben sein mögen, ohne daß sie damit ohne weiteres als völlig zutreffend anerkannt werden sollen:

„Die Oberbürgermeister der Großstädte wird man ihrer Stellung nach vielleicht den Regierungspräsidenten an die Seite stellen können, wiewohl ihre Tätigkeit natürlich eine ganz andere ist. Der Regierungspräsident kommt ausschließlich Dienstwohnung, einschließlich Zulage bis

---

[1] Dienstaufwandentschädigungen sind durchweg eingerechnet.

Die Besoldungen der Magistratsmitglieder in den preußischen Städten von mehr als 10000 Einw. (nach E. Peterfilie)

Das Einkommen beträgt Mark	Oberbürgermeister und 1. Bürgermeister	2. Bürgermeister und 1. Beigeordneter	Stadträte, Beigeordnete, Senatoren, Ratsherren, Syndici, Kämmerer	Stadtbauräte	Stadtschulräte	Stadtforsträte	Magistratsmitglieder zusammen	Direktoren der städtischen statistischen Ämter
1	2	3	4	5	6	7	8	9
über 3 000 bis 3 000	—	—	1	—	—	—	1	—
" 3 000 " 4 000	—	1	3	3	—	—	4	—
" 4 000 " 5 000	1	12	4	3	—	—	20	1
" 5 000 " 6 000	2	27	21	12	1	1	62	3
" 6 000 " 7 000	13	28	18	11	—	—	72	3
" 7 000 " 8 000	20	36	45	23	8	2	124	9
" 8 000 " 9 000	64	16	65	23	3	1	178	4
" 9 000 " 10 000	45	18	30	19	3	1	116	3
" 10 000 " 11 000	25	12	29	6	2	1	76	—
" 11 000 " 12 000	20	8	38	10	—	—	79	—
" 12 000 " 13 000	7	7	8	10	1	—	32	—
" 13 000 " 14 000	13	3	13	4	3	—	34	—
" 14 000 " 15 000	11	12	9	6	—	—	41	—
" 15 000 " 16 000	4	3	5	3	—	—	12	—
" 16 000 " 17 000	10	—	2	—	—	—	15	—
" 17 000 " 18 000	11	—	2	2	—	—	13	—
" 18 000 " 19 000	3	3	—	—	—	—	3	—
" 19 000 " 20 000	6	—	—	—	—	—	11	—
" 20 000 " 21 000	3	—	—	—	—	—	3	—
" 21 000 " 22 000	2	—	—	—	—	—	2	—
" 22 000 " 23 000	5	—	—	—	—	—	5	—
" 23 000 " 24 000	3	—	—	—	—	—	3	—
" 24 000 " 25 000	2	—	—	—	—	—	3	—
" 25 000 " 26 000	3	—	—	—	—	—	2	—
" 26 000 " 27 000	1	—	—	—	—	—	3	—
" 27 000 " 28 000	1	—	—	—	—	—	1	—
" 28 000 " 29 000	2	—	—	—	—	—	2	—
" 29 000 " 30 000	2	—	—	—	—	—	2	—
Summa	279	186	293	132	21	6	917	23

16000 Mk., die meisten Oberbürgermeister aber höher, oft beträchtlich. Die Oberbürgermeister der Städte von 50000 bis unter 100000 Einwohnern kann man vielleicht am besten mit den Polizeipräsidenten vergleichen. Deren Gehalt ist verschieden bemessen. Die meisten kommen neben der Dienstwohnung, deren Wert je nach der Ortsklasse verschieden anzusetzen ist, bis 8500 oder 9000 Mk., der in Frankfurt a. M. bis 12200 Mk., der in Berlin bis 16000 Mk., die beiden letzteren einschließlich Stellenzulage. Man sieht, daß auch hier viele Bürgermeister erheblich höher besoldet sind selbst als der Berliner Polizeipräsident; höher als die übrigen stehen sie alle. Den Bürgermeistern der Städte von weniger als 50000 Einwohnern wird man im allgemeinen die Stellung etwa eines Regierungsrats einräumen können. Dieser kommt einschließlich 600 Mk. Zulage bis 7800 Mk., wozu dann der Wohnungsgeldzuschuß je nach dem Dienstorte tritt. Die meisten gehören jedenfalls in die Stufe von 8000—9000 Mk. Diese Stufe ist auch bei den in Frage kommenden Bürgermeistern am stärksten besetzt, doch gibt es eine ganze Anzahl, die weit höher besoldet werden, verschiedene aber auch, deren Besoldung niedriger ist. Eine höhere Besoldung als die der Regierungsräte läßt sich ohne weiteres rechtfertigen, wenn man bedenkt, daß ein Bürgermeister meist recht erhebliche Repräsentationspflichten hat.

Von den zweiten Bürgermeistern wird man die der ganz großen Städte vielleicht dem vortragenden Rat an die Seite stellen dürfen. Dieser kommt einschließlich Wohnungsgeld als Rat 2. Klasse bis 13180 Mk. Die meisten zweiten Bürgermeister der Städte von über 200000 Einwohnern erhalten nach Ausweis der Tabelle höhere Besoldungen, auch bei verschiedenen der Städte von 100000 bis unter 200000 Einwohnern ist das der Fall. Die übrigen zweiten Bürgermeister wird man am besten wieder den Regierungsräten gleichstellen, allerdings wird man bei der untersten Gruppe der Städte nicht immer so weit gehen dürfen, da deren zweite Bürgermeister manchmal die Stelle bekleiden, ohne das zweite juristische Examen gemacht zu haben. Die Besoldungen dieser städtischen Beamten sind in vielen Fällen niedriger als die der Regierungsräte. Das mag zum Teil den eben erwähnten Grund haben, zum Teil liegt es aber jedenfalls auch daran, daß es sich hier öfter um noch junge Leute handelt, die später weiter kommen wollen und wohl auch meistens werden, so daß man sie eigentlich mit den jüngeren Regierungsräten vergleichen müßte.

Den Regierungsräten gleichstellen wird man mit wenigen Ausnahmen auch die Stadträte, deren Besoldung sehr ungleich ist. Die Großstädte zahlen meist erheblich mehr als ein Regierungsratsgehalt, die kleineren in der Regel weniger. Hinsichtlich der letzteren wird das eben von den zweiten Bürgermeistern Gesagte ebenfalls oftmals zutreffen, hinsichtlich der ganz großen Städte ist zu bemerken, daß in den Zahlen der betreffenden Tabellenspalte einige sehr hoch besoldete Kämmerer stecken, denen man eine höhere Stellung als die der Regierungsräte zuweisen müßte.

Die Stadtbauräte sind ohne weiteres mit den Regierungsbaumeistern, die in den großen Städten auch mit den Regierungs- und Bauräten zu vergleichen. Die Besoldung der letzteren ist die der Regierungsräte, die ersteren erhalten 600 Mk. weniger, in der Regel wird also die Stufe von 8000—9000 Mk. in Frage kommen. Man sieht aus der Tabelle, daß die Mehrzahl der Stadtbauräte mehr erhält.

Das gleiche gilt von den Stadtschulräten, die den wie die Regierungsbaumeister besoldeten Oberlehrern gleichgestellt werden können. Einige sind indessen auch aus dem Stande der Gymnasialdirektoren oder Provinzialschulräte hervorgegangen und hätten auch im Staatsdienste eine etwas höhere Besoldung erhalten."

Eine Ergänzung zu diesen auf Preußen bezüglichen Daten hat für die Magistratsmitglieder der bayerischen Städte von mehr als 1000 Einwohnern Fichtl in der gleichen Zeitschrift (1912, S. 295), für die Bürgermeister von 72 kleineren Städten unter 10 000 Einwohnern (aus der Provinz Sachsen und Herzogtum Anhalt) Bürgermeister Baecker-Schleusingen in einer vor einigen Jahren erschienenen Flugschrift: „Jedem das Seine" beigebracht. Nach Baecker hatten von 61 Bürgermeistern in Städten von weniger als 5000 Einwohnern an Gehalt einschließlich aller Nebeneinkünfte und der Mietsentschädigung: 12 bis 2400 Mk., 26 zwischen 2400 und 3000 Mk., 12 zwischen 3000 und 3600 Mk., 9 zwischen 3600 und 4200 Mk., nur 2 mehr. Von 11 Bürgermeistern in Städten von 5000 bis 10 000 Einwohnern hatten ein Einkommen zwischen 3000 und 3600 Mk.: 2, zwischen 3600 und 4200 Mk.: 2, zwischen 4200 und 4800 Mk.: 3, zwischen 4800 und 5400 Mk.: 3, zwischen 5400 und 6000 Mk.: 1. Das Bild ist kein günstiges.

Alle diese zur Illustration des Verhältnisses zwischen Staats- und Gemeindebeamten im allgemeinen beigebrachten Angaben könnten eine Erweiterung noch erfahren durch eine Statistik, die auf Grund der Stellenausschreibungen in Kommunalfachblättern zu gewinnen wäre. Von deren Aufmachung für den vorliegenden Zweck ist aber abgesehen worden, da wesentlich neue Züge des Bildes davon kaum zu erwarten sind, auch der Gegenstand der weiteren Ausführungen ein anderer sein soll, nämlich speziell das Ergebnis der oben erwähnten Erhebung im Regierungsbezirk Düsseldorf.

Tabelle I (auf S. 26 und 27) zeigt für die verschiedenen Gruppen der in Frage kommenden Beamten, wie groß einerseits die Besoldung, wie groß anderseits die zu erhaltende Familie ist[1].

Danach haben von den 499 höheren Staats- und Gemeindebeamten des Bezirks einschließlich des Wohnungsgeldes, der Einnahmen

---

[1] Die Größe der letzteren ist nach der Zahl der Kinder unter 14 Jahren unter Hinzuzählung der Frau (falls noch am Leben) bestimmt worden.

Tabelle I. **Besoldung und**

Beamtenstellung	Bei einer																			
	4000 Mk. und weniger					4001 bis 5000 Mk.					5001 bis 6000 Mk.					6001 bis 7000 Mk.				
	sind Familienangehörige zu ernähren																			
	0	1	2 bis 3	4 bis 6	7 bis 9	0	1	2 bis 3	4 bis 6	7 bis 9	0	1	2 bis 3	4 bis 6	7 bis 9	0	1	2 bis 3	4 bis 6	7 bis 9
A. Unmittelbare Staatsbeamte																				
I. Juristische Beamte																				
1. Regierungspräsident und juristische Räte der Regierung	.	.	.	.	.	.	.	1	.	.	2	.	1	.	.	3	1	1	1	.
2. Landräte	.	.	.	1	.	.	.	.	.	.	1	.	1	2	.	.	.	.	.	3
3. Assessoren bei der Regierung	4	2	1	.	.	1	1	.	.	.	.	.	.	.	.	.	.	.	.	.
4. Sonstige Assessoren	10	4	3	.	.	.	.	.	.	.	1	1	1	.	.	.	.	.	.	.
5. Sonstige juristische Beamte	.	.	.	.	.	.	.	1	.	.	2	1	.	.	.	1	.	.	.	.
II. Technische, Schul- und Medizinalbeamte																				
1. Technische Räte, Bau-, Gewerbe- und Schulaufsichtsbeamte bei der Regierung	1	.	.	.	.	1	.	1	.	.	.	.	.	.	.	.	1	.	1	.
2. Andere Bau-, Gewerbe- u. Schulaufsichtsbeamte sowie Leiter der gewerblichen Schulbehörden	6	4	2	1	.	3	1	9	1	.	5	4	5	5	.	1	3	3	1	
3. Forstbeamte	.	.	1	.	.	1	.	.	.	.	.	.	.	.	.	.	.	.	.	.
4. Medizinalräte und -beamte der Kgl. Regierung, Kreis- und Gerichtsärzte (einschl. Veterinärwesen)	2	3	4	.	1	2	.	.	2	.	.	1	2	1	.	.	2	.	.	.
5. Sonstige	2	.	.	1	.	.	.	1	.	.	1	.	.	.	.	1	3	1	.	.
Summe A	25	13	11	2	1	8	2	12	5	.	12	7	10	8	.	4	9	5	8	1
	52					27					37					27				
B. Kommunalbeamte																				
1. Magistratspersonen	.	.	.	.	.	.	.	2	.	.	2	2	3	.	.	4	4	3	.	.
2. Stadtassessoren und juristische Hilfsarbeiter	2	3	2	.	.	3	1	2	.	.	.	.	1	.	.	.	.	1	.	.
3. Baubeamte und sonstige Techniker	2	1	1	1	.	3	1	7	1	.	2	4	5	1	.	4	2	5	1	.
4. Sonstige	8	2	3	.	.	2	5	7	.	.	4	3	5	2	.	2	5	4	2	.
Summe B	12	6	6	1	.	8	9	16	1	.	8	9	14	3	.	10	11	13	3	.
	25					34					34					37				

aus Nebenämtern und des Wertes etwaiger Naturalbezüge (wie Dienstwohnung usw.) eine Besoldung, in der aus der Zusammenstellung auf S. 28 ersichtlichen Höhe.

Die stärkst besetzten Gruppen sind bei den unmittelbaren Staatsbeamten diejenigen mit nicht mehr als 4000 Mk. Einkommen (im wesentlichen Assessoren und jüngere Beamte der Bau- und Medizinalverwaltung: 19% der Gesamtzahl) sowie von 5001 bis 9000 Mk. (50%). Bei

Familienlast

Besoldung von																																					Insgesamt						Summe
7001 bis 8000 Mk.					8001 bis 9000 Mk.					9001 bis 10 000 Mk.					10 001 bis 15 000 Mk.					über 15 000 Mk.											
(Frau und Kinder unter 18 Jahren)																														
0	1	2 bis 3	4 bis 6	7 bis 9	0	1	2 bis 3	4 bis 6	7 bis 9	0	1	2 bis 3	4 bis 6	7 bis 9	0	1	2 bis 3	4 bis 6	7 bis 9	0	1	2 bis 3	4 bis 6	7 bis 9	10	0	1	2 bis 3	4 bis 6	7 bis 9	10	
3	2	.	.	.	3	1	1	1	.	1	1	3	2	.	.	1	.	1	.	.	.	.	.	.	.	12	6	6	6	.	.	30
.	2	2	1	1	.	.	.	.	.	.	.	.	.	.	.	.	.	.	.	.	.	.	.	.	1	2	2	3	6	1	1	15
.	.	.	.	.	.	.	.	.	.	.	.	.	.	.	.	.	.	.	.	.	.	.	.	.	.	4	3	2	.	.	.	9
.	.	.	.	.	.	.	.	.	.	.	.	.	.	.	.	.	.	.	.	.	.	.	.	.	.	11	5	4	.	.	.	20
1	.	.	.	.	.	.	.	.	.	.	.	.	.	.	.	1	.	.	.	.	.	.	.	.	.	3	2	.	2	.	.	7
.	.	2	2	.	.	4	1	1	.	1	3	.	.	.	.	1	.	.	.	.	.	.	.	.	.	3	9	4	4	.	.	20
2	4	7	1	.	1	5	7	1	.	1	.	3	1	2	1	2	2	2	.	.	.	.	.	.	.	19	21	38	15	3	.	96
.	.	.	1	.	.	.	.	1	1	.	.	1	.	1	.	.	1	.	.	.	.	.	.	.	.	1	.	3	2	2	.	8
.	2	1	1	.	1	.	2	.	.	.	2	1	5	.	1	1	3	1	.	1	3	3	1	.	.	7	14	16	11	1	.	49
1	.	1	.	.	.	1	.	1	.	.	.	.	.	.	.	.	.	.	.	.	.	.	.	.	.	5	4	3	2	.	.	14
0	13	6	1		5	11	11	5	1	3	6	8	8	3	2	5	5	6	.	1	3	3	1	.	1	67	66	79	48	7	1	268
	37					33					28					18					9						268					
.	.	4	3	.	.	5	4	4	2	.	.	2	7	3	.	2	5	7	11	.	.	3	5	4	.	.	13	23	33	23	.	92
.	.	.	.	.	.	.	.	.	.	.	.	.	.	.	.	.	.	.	.	.	.	.	.	.	.	.	5	4	6	.	.	15
1	2	1	1	.	.	.	1	.	.	.	2	1	1	.	.	.	1	2	.	.	.	.	.	.	.	12	12	21	6	.	.	51
.	2	5	2	.	.	.	2	.	.	1	1	1	.	.	.	1	2	.	.	.	.	2	.	.	.	17	19	31	6	.	.	73
1	5	10	6	.	5	4	7	2	.	1	5	9	4	.	2	6	9	11	.	.	3	7	4	.	.	47	58	91	35	.	.	231
	22					18					19					28					14						231					

den Kommunalbeamten ist die untere Gruppe verhältnismäßig schwächer vertreten (11%); wesentlich stärker dagegen einerseits die Schicht von 4001 bis 7000 Mk. (46% gegen 34%), wozu namentlich die Bürgermeister sowie die nicht juristisch vorgebildeten höheren Beamten der kleineren Städte und Landbürgermeistereien das Gros stellen, anderseits die beiden höchsten Gruppen mit über 10 000 Mk. Gehalt (18% gegen 10%), in die eine Reihe von Oberbürgermeistern,

	Unmittelbare Staatsbeamte	Kommunalbeamte
4 000 Mark und weniger	52 = 19 %	25 = 11 %
4 001— 5 000 Mark	27 = 10 %	34 = 15 %
5 001— 6 000 "	37 = 14 %	34 = 15 %
6 001— 7 000 "	27 = 10 %	37 = 16 %
7 001— 8 000 "	37 = 14 %	22 = 10 %
8 001— 9 000 "	33 = 12 %	18 = 8 %
9 001—10 000 "	28 = 10 %	19 = 8 %
10 001—15 000 "	18 = 7 %	28 = 12 %
über 15 000 "	9 = 3 %	14 = 6 %
insgesamt	268 = 100 %	231 = 100 %

mehrere Beigeordnete der größeren Städte und einige wenige sonstige Herren (Stadtärzte u. dgl.) gehören.

Keine Familienangehörigen zu ernähren haben von den 268 unmittelbaren Staatsbeamten 67, von den 231 Gemeindebeamten 47, was — vgl. Tabelle II auf S. 29 — im wesentlichen mit ledigem Stande (außer den Ledigen kommen nur Geschiedene und Verwitwete, die Kinder unter 18 Jahren nicht oder nicht mehr haben, in Betracht) zusammenfällt. —

Daß der absolute wie relative Anteil dieser Personen ohne Familienlast bei den unmittelbaren Staatsbeamten erheblicher ist als bei den Kommunalbeamten, wird zum Teil mit höheren Standesansprüchen, die die Gründung einer Familie erschweren, zum Teil auch damit zusammenhängen, daß die Beamten der Kommunalverwaltung öfter in einem jüngeren Lebensalter in einigermaßen auskömmliche Stellungen gelangen als die unmittelbaren Staatsbeamten. Es ist zu berücksichtigen, daß zu den „Magistratspersonen" die Landbürgermeister und Bürgermeister kleinerer Städte eine immerhin beträchtliche Zahl stellen. Von dem Rest der unmittelbaren Staatsbeamten hatten zu ernähren:

1 Familienangehörige(n)	66
2 oder 3 "	79
4 bis 6 "	48
7 u. mehr "	8

Das Maximum sind zehn zu ernährende Familienangehörige in einem Falle der höchsten Besoldungsgruppe.

Von den Kommunalbeamten mit Familienlast haben zu ernähren:

1 Familienangehörige(n)	58
2 oder 3 "	91
4 bis 6 "	35

— 29 —

Tabelle II. Zivilstand, Alter der Ledigen, Alter bei der Eheschließung der Verheirateten

Beamtenstellung	a. ledig Lebensjahre					insges. famt a	b. verheiratet ob. verheiratet gewesen Alter zur Zeit der Eheschließung						insges. famt b	Summe a + b
	20/25	25/30	30/40	40/50	50/60		20/25	25/30	30/35	35/40	40/45	45/50		

A. Unmittelbare Staatsbeamte

I. Juristische Beamte

1. Regierungspräsident und juristische Räte der Kgl. Regierung	—	—	2	4	5	11	—	8	5	3	3	—	19	30
2. Landräte	—	1	—	—	—	1	—	6	6	1	1	—	14	15
3. Assessoren bei der Regierung	—	1	3	—	—	4	—	3	2	—	—	—	5	9
4. Sonstige Assessoren	1	7	4	—	—	12	—	4	3	—	1	—	8	20
5. Sonstige juristische Beamte	—	—	1	1	1	3	1	1	2	1	—	—	4	7

II. Technische, Schul- und Medizinalbeamte

1. Technische Räte, Bau-, Gewerbe- u. Schulaufsichtsbeamte bei der Regierung	1	1	1	—	1	3	—	11	5	—	1	—	17	20
2. Andere Bau-, Gewerbe- und Schulaufsichtsbeamte sowie Leiter d. gewerbl. Schulbehörden	—	—	12	4	2	18	5	31	32	7	3	—	78	96
3. Forstbeamte	—	—	1	—	—	1	—	1	4	—	2	—	7	8
4. Medizinalräte u. -beamte der Kgl. Regierung, Kreis- u. Gerichtsärzte (einschl.Veterinärwesen)	—	—	4	—	1	5	4	14	13	9	3	1	44	49
5. Sonstige	1	—	1	1	—	3	—	7	3	—	1	—	11	14
Summe A	2	9	30	10	10	61	10	86	75	20	15	1	207	268
			61						207					

B. Kommunalbeamte

1. Magistratspersonen	—	—	11	1	—	12	3	44	28	4	—	—	79	92
2. Stadtassessoren und juristische Hilfsarbeiter	—	2	3	—	—	5	—	7	3	—	—	—	10	15
3. Baubeamte und sonstige Techniker	—	—	9	2	—	11	1	19	15	3	2	—	40	51
4. Sonstige	—	3	12	1	1	17	8	26	19	—	3	—	56	73
Summe B	—	5	35	4	1	45	12	96	65	7	6	—	185	231
			45						185					

Eine Gegenüberstellung der beiden Reihen ergibt, daß die Familien ohne Kinder (1 zu ernährender Familienangehöriger, als welcher im allgemeinen die Frau in Betracht kommt) hier wie dort in der Gesamtzahl der Verheirateten mit ziemlich gleichen Verhältnissen vertreten sind, daß aber im übrigen bei den Kommunalbeamten das Schwergewicht stärker als bei den unmittelbaren Staatsbeamten in der Gruppe mit 2 und 3 Familienangehörigen liegt; mehr als deren 6 finden sich überhaupt nicht. Unter den Familien mit Kindern überhaupt stehen also die Kommunalbeamten zurück. Dies wird darauf zurückzuführen sein, daß, wenn ein höherer Staatsbeamter heiratet, in vielen, wenn nicht in den meisten Fällen Privatvermögen eine Basis bietet, die innerhalb der Familie ein Anwachsen der zu Ernährenden häufiger gestattet als bei den Kommunalbeamten. Dazu aber kommt wohl auch, daß jene im Generaldurchschnitt ein höheres Dienstalter haben als diese; und daß im allgemeinen die Zahl der zu ernährenden Familie mit der Besoldungshöhe wächst, ist leichtverständlich, denn im Normalfalle nimmt die Zahl der Kinder im Laufe der Zeit ebenso zu wie die Höhe der Besoldung. Auffällig freilich bleibt das Vorhandensein verhältnismäßig zahlreicher Kinder auch in den niedrigen Besoldungsgruppen namentlich der unmittelbaren Staatsbeamten. Hier bieten zweifellos günstige Vermögensverhältnisse den Schlüssel. Ebensowenig wie in diesem Falle die Besoldung zum Unterhalt der Familie ausreicht, muß dies eben auch in all den anderen zahlreichen Fällen zutreffen, in denen die Zahl der Familienangehörigen über diejenige hinausgeht, die auch bei höherer Besoldung standesgemäß unterhalten werden kann.

Vier und mehr Familienangehörige, d. h. also einschließlich eines Dienstmädchens und des Beamten selbst einen Hausstand von 6 und mehr Köpfen aus einer Besoldung von 7000, ja auch 8 bis 9000 Mk. zu erhalten, ist für den höheren Staatsbeamten, der entweder am Sitze der Regierung oder in einer Kreisstadt sitzt, bei den Ansprüchen des Standes gemeinhin unmöglich. Eher, freilich (vgl. das oben beigebrachte Beispiel des „mittelbürgerlichen Haushalts") auch nicht ohne Schwierigkeiten, wird dies solchen Kommunalbeamten möglich sein, die an kleineren Plätzen mit billigeren Lebensverhältnissen ihres Amtes walten. In die Augen fallende Unterschiede zwischen den verschiedenen Kategorien innerhalb der beiden Hauptgruppen, etwa so, daß die Verhältnisse der juristischen Beamten sich von den technischen nach dieser oder jener Richtung wesentlich abhöben, lassen sich nicht erkennen.

Die Tatsache des Fehlens von Familienangehörigen erfährt die rechte Beleuchtung aber erst, wenn das Alter der betreffenden Beamten berücksichtigt wird.

Tabelle II scheidet darum zunächst die ledigen Beamten nach ihrem gegenwärtigen Alter, gleichzeitig die verheirateten oder verheiratet gewesenen nach dem Alter zur Zeit der Eheschließung. Danach sind alt von den ledigen:

	unmittelbaren Staatsbeamten	Kommunalbeamten
20—25 Jahre	2 = 3%	0 = 0%
25—30 =	9 = 15%	5 = 11%
30—40 =	30 = 49%	35 = 78%
40—50 =	10 = 16%	4 = 9%
50—60 =	10 = 16%	1 = 2%
	61[1] = 100%	45[2] = 100%

Nimmt man als Normalalter für die Eheschließung 30 Jahre an, so sind von den höheren Staatsbeamten des Regierungsbezirks 50 gleich einem runden Fünftel der Gesamtheit, von den höheren Kommunalbeamten 40 gleich einem guten Sechstel überfällig; das Verhältnis neigt sich also zugunsten der letzteren, wennschon es auch bei ihnen noch groß genug ist. Noch schärfer aber tritt die Differenzierung zutage, wenn als Altersgrenze die Vollendung des 40. Lebensjahres angenommen wird. Junggesellen, die diese Grenze überschritten haben, finden sich dort 20, hier nur 5, und besonders auffällig ist ihre große Zahl unter den juristischen Räten der Regierung: von insgesamt 29 Regierungsräten sind nicht weniger als 9, d. h. fast ein Drittel, Junggesellen im Alter von 40 und mehr, darunter 5 im Alter von über 50 Jahren.

Auch bei den Verheirateten sind Unterschiede zwischen den beiden Gruppen zu erkennen. Im Alter von 20 bis 25 Jahren haben von den überhaupt verheirateten oder verheiratet gewesenen Herren in der Gruppe A 10, in der Gruppe B dagegen 12 geheiratet; im Alter von 25 bis 30 Jahren in Gruppe A 86, in Gruppe B dagegen 96. Von da ab kehrt sich das Verhältnis um. Im Alter von 30 bis 35 Jahren ehelichten in Gruppe A 75, in Gruppe B 65; im Alter von 35 bis 40 Jahren in Gruppe A 20, in Gruppe B 7; von 40 bis 50 Jahren in Gruppe A 16, in Gruppe B 6. Die

---

[1] Die Gesamtzahl derer ohne zu ernährende Familienangehörige stellte sich nach Tabelle I auf 67.

[2] auf 47.

Hinausschiebung der Eheschließung bei den höheren Regierungs=
beamten wird hier besonders deutlich. Das Eheschließungsalter
der Gemeindebeamten dagegen hebt sich nicht allzusehr über den
Generaldurchschnitt der männlichen Bevölkerung überhaupt. Als
solcher ist 1912 (vgl. Statistisches Jahrbuch für den preußischen
Staat 1913, S. 39) ein Durchschnittsalter von 28,9 Jahren er=
mittelt worden. Etwa die Hälfte der in Frage stehenden Kommunal=
beamten mag früher, etwa die Hälfte später geheiratet haben.

Aus denselben Gründen, aus denen die Eheschließung sich ver=
zögert, vermindert sich **innerhalb der Ehe die Zahl der
Kinder**. Hierfür bietet Tabelle III das Beweismaterial. In
ihr werden die Kinderzahlen in drei Generationen gegenübergestellt,
nämlich diejenigen der in Frage stehenden Beamten, ihrer Väter und
Großväter. Nur die ehelichen Kinder sind berücksichtigt, aber im Gegen=
satz zur Tabelle I natürlich nicht nur diejenigen, die gegenwärtig noch
zu ernähren, d. h. am Leben und nach der dafür angenommenen
Grenze nicht über 18 Jahre alt sind, sondern die Kinder jedes Alters
und auch die bereits verstorbenen.

Von 393 verheirateten höheren Beamten — der Übersichtlichkeit
halber sind hier Staats= und Kommunalbeamte zusammengezogen —
haben nur 33 mehr Kinder als ihre Väter und 32 ebensoviel, der
Rest von 328 aber weniger. Im übrigen läßt sich aus den einzelnen
Angaben der Tabelle III folgende Gegenüberstellung ableiten, die
eines Kommentars nicht bedarf:

Es besitzen (bzw. besaßen):

	Von den verheirateten höheren Beamten der Gegenwart	von ihren Vätern	von ihren Großvätern
0 Kinder	93	—	—
1—2 =	155	60	71
3—4 =	103	115	113
5—6 =	35	100	127
7—9 =	6	77	57
10 u. mehr Kinder	1	41	25
Summa	393	393	393

Während von den gegenwärtigen höheren Beamten in unmittel=
barem Staats= und Gemeindedienst nur 7 mehr als 6 eheliche
Kinder haben (bzw., falls Kinder verstorben, hatten) und das Maxi=
mum in einem einzigen Falle mit 10 erreicht wird, sind unter ihren
393 Vätern nicht weniger als 118 und unter ihren Großvätern wenig=
stens 82 mit mehr als 6 Kindern gewesen. In der Gruppe „10 und
mehr Kinder" finden sich von jenen 41, von diesen 25. In einem
Falle hier wie dort wird selbst die Zahl von 15 noch überschritten.

Tabelle III. **Zahl der ehelichen Kinder (einschl. der verstorbenen) der verheirateten Beamten, ihrer Väter u. Großväter.**

Kinderzahl des Großvaters	Kinderzahl des Beamten / Kinderzahl des Vaters																													
	0					**1**					**2**					**3**					**4**					**5**				
	1–2	3–4	5–6	7–9	10 u. mehr	1–2	3–4	5–6	7–9	10 u. mehr	1–2	3–4	5–6	7–9	10 u. mehr	1–2	3–4	5–6	7–9	10 u. mehr	1–2	3–4	5–6	7–9	10 u. mehr	1–2	3–4	5–6	7–9	10 u. mehr
1–2	4	5	3	3	1	4	3	3	3	3	4	8	1	.	.	1	5	1	4	.	.	2	3	2	.	.	.	.	.	.
3–4	9	6	5	.	3	4	7	4	3	3	5	9	4	3	2	1	6	4	1	2	3	3	5	3	1	1	2	1	2	.
5–6	3	9	9	3	.	4	3	3	1	4	2	10	4	3	3	2	6	5	5	4	3	5	3	1	1	1	3	1	2	1
7–9	4	2	2	3	.	4	3	1	3	1	1	5	4	.	3	1	7	1	1	.	2	3	3	.	.	1	.	2	2	2
10 u. mehr	2	.	1	1	1	.	1	1	1	2	.	4	1	2	.	.	3	.	.	4	2	2	.	.	.	.	.	.	1	.
	22	27	20	19	5	13	18	21	11	9	15	32	21	14	6	5	19	18	11	10	.	11	15	10	4	.	3	6	4	7	3
	93					67					88					63					40					23				

(Fortsetzung.)

Kinderzahl des Großvaters	Kinderzahl des Beamten / Kinderzahl des Vaters																										Insgesamt					überhaupt
	6					**7**					**8**					**9**					**10 u. mehr**						1–2	3–4	5–6	7–9	10 u. mehr	
	1–2	3–4	5–6	7–9	10 u. mehr	1–2	3–4	5–6	7–9	10 u. mehr	1–2	3–4	5–6	7–9	10 u. mehr	1–2	3–4	5–6	7–9	10 u. mehr	1–2	3–4	5–6	7–9	10 u. mehr							
1–2	2	1	.	.	.	.	.	.	.	1	.	.	.	.	.	.	.	.	.	.	.	.	.	.	.		13	21	19	12	6	71
3–4	3	.	2	.	1	.	.	.	.	.	.	.	.	.	.	.	.	.	.	.	.	.	.	.	.		19	39	24	22	9	113
5–6	.	.	.	1	.	.	1	.	.	.	.	.	.	1	.	.	.	.	.	.	.	.	.	.	.		15	34	35	24	19	127
7–9	1	.	1	.	.	.	.	.	.	.	.	.	.	1	.	.	.	.	.	1	.	.	.	.	.		10	14	14	14	5	57
10 u. mehr	.	1	.	.	.	.	.	.	.	.	.	.	.	1	1	.	.	.	.	1	.	.	.	.	1		3	7	8	5	2	25
	1	6	1	3	1	.	1	.	.	1	.	.	.	3	1	.	.	.	.	2	.	.	.	.	1		60	115	100	77	41	393
	12					2					3					1					1						393					

Tabelle IV.   Beruf der

Stellung des Beamten	Beruf, den die Kinder				
	männlich				
	In Vorbereitung		höherer Reichs- ob. Staatsbienst	Heeresbienst	Freie akademische Berufe
	zum Beruf des Vaters [1]	zu anderen Berufen			
A. Unmittelbare Staatsbeamte					
I. Juristische Beamte					
1. Regierungspräsident und juristische Räte der Regierung	—	—	2	2	—
2. Landräte	—	3	1	1	—
3. Assessoren bei der Regierung . . .	—	—	—	—	—
4. Sonstige Assessoren	—	—	—	—	—
5. Sonstige juristische Beamte	—	2	—	—	—
II. Technische, Schul- und Medizinalbeamte					
1. Technische Räte, Bau-, Gewerbe- und Schulaufsichtsbeamte bei b. Regierung	—	5	1	1	—
2. Andere Bau-, Gewerbe- und Schulaufsichtsbeamte sowie Leiter der gewerblichen Schulbehörden	—	6	—	1	—
3. Forstbeamte	—	—	—	—	—
4. Medizinalräte und -beamte der Regierung, Kreis- u. Gerichtsärzte (einschl. Veterinärwesen)	3	5	1	2	2
5. Sonstige	1	2	2	2	—
Summe A	4	23	7	9	2
				58	
B. Kommunalbeamte					
1. Magistratspersonen	—	2	1	1	—
2. Stadtassessoren und juristische Hilfsarbeiter	—	—	—	—	—
3. Baubeamte und sonstige Techniker . .	1	1	—	—	—
4. Sonstige	2	5	1	2	—
Summe B	3	8	2	3	—
				22	

Allerdings ist das Bild der Tabelle III insofern zu Ungunsten der gegenwärtigen Generation verschoben, als bei Vätern und Großvätern die bis zum Schlusse des Lebens erreichte Kinderzahl zur Nachweisung gelangt, während bei den zurzeit lebenden Beamten eine Erhöhung der Zahl bis zu ihrem Tode natürlich noch mannigfach in Frage kommt. Aber selbst, wenn es möglich wäre, der gegen-

---

[1] Gleiches Studium wie dasjenige des Vaters.

Kinder

ergriffen haben oder zu ergreifen gedenken

Handel und Gewerbe	Kunst	Landwirtschaft	Summe a	weiblich					Summe b	Zusammen a + b
				Krankenpflege	Lehrtätigkeit	Studium	Kunst	Sonstiges		
1	—	1	6	1	—	—	—	1	2	8
—	—	1	6	—	—	—	1	—	1	7
—	—	—	—	—	—	—	—	—	—	0
—	—	—	—	—	1	—	—	1	2	2
—	—	—	2	—	—	—	—	—	—	2
2	—	—	9	—	2	—	1	—	3	12
—	3	1	11	—	4	1	4	1	10	21
—	—	—	—	—	—	—	—	—	—	0
1	—	—	14	—	2	—	—	2	4	18
3	—	—	10	—	2	—	—	1	3	13
7	3	3	58	1	11	1	6	6	25	83
						25				
3	—	2	9	—	1	—	—	2	3	12
—	—	—	—	—	—	—	—	—	—	0
—	—	—	2	—	1	—	—	—	1	3
1	—	—	11	—	—	1	—	—	1	12
4	—	2	22	—	2	1	—	2	5	27
						5				

wärtigen Generation auch alle noch zu erwartenden Kinder zugute zu rechnen, würde sie doch ganz erheblich schlechter abschneiden als ihre Vorfahren. Dies erhellt, wenn zum Ausgleich jener Verschiedenheit im einzelnen festgestellt wird, wie lange die Ehe bei den verschiedenen Beamten schon dauert und wieviel Kinder in dieser Zeit zum Leben gekommen sind.

Nimmt man (sehr bescheiden!) als Norm an, daß im Interesse einigermaßen gesunder Fortpflanzung des Volkes im ganzen und in seinen einzelnen Schichten jede Ehe 3 Kindern das Leben schenken muß[1], so läßt sich aus dem vorliegenden Material feststellen, daß hinter dieser Norm zurückbleiben, d. h. weniger als 3 Kinder ins Leben gesetzt haben, unter den Ehen, die bislang gedauert haben:

	bei den unmittelbaren Staatsbeamten	bei den Kommunal- beamten
1— 5 Jahre	39	52
5—10 =	22	39
10—15 =	18	21
15—20 =	15	4
20—25 =	14	10
25—30 =	3	5
über 30 =	4	2
insgesamt	133[2]	115[2]

Unter all den geschilderten Verhältnissen kann es schließlich nicht wundernehmen, daß zahlreiche höhere Beamte sich davor scheuen, ihre Kinder den gleichen Beruf ergreifen zu lassen, und auch die Kinder selbst in erheblicher Zahl geneigt sind, in anderen Berufen sich soziale Stellung und wirtschaftliche Position zu erringen.

Tabelle IV gibt für diejenigen Kinder der frag= lichen Beamten, die bereits einen Beruf ergriffen haben oder in Vorbereitung dazu sind, an, um welchen Beruf es sich handelt, und zwar sind die Studierenden dabei dann als „in Vorbereitung zum Berufe des Vaters" bezeichnet worden, wenn sie das gleiche Studium wie einst der Vater betreiben. Das Material ist zwar, weil es sich um nicht allzu viele Fälle handelt — im ganzen werden 80 Söhne und 30 Töchter nachgewiesen —, ziemlich spärlich[3]. Immerhin gibt es einen Fingerzeig für die Erkenntnis der obwaltenden Ten= denzen:

Von 14 nachgewiesenen Söhnen zunächst der juristischen Be= amten im unmittelbaren Staatsdienst haben sich nur 3 wieder der Beamtenlaufbahn gewidmet; 3 sind Offiziere; 3 stehen in einem bürgerlichen Berufe (Handel, Gewerbe und Landwirtschaft), 3 noch

---

[1] Unter Zugrundelegung der gegenwärtigen preußischen Zahlen für eheliche Lebendgeburten, vorhandene Ehen und Ehedauer ergibt sich in Ansehung der gesamten Bevölkerung ein Durchschnitt von rund 4 Kindern.

[2] Die Summe der beiden Spalten ergibt 248 = 93 + 67 + 88 (vgl. Tabelle III).

[3] Die entsprechende Frage ist in den Fragebogen offenbar mehrfach nur unvollständig beantwortet worden.

in Berufsvorbereitung, die sie aber jedenfalls nicht auf das gleiche Feld wie den Vater führen wird. Bei den 44 Söhnen der übrigen unmittelbaren höheren Staatsbeamten ist die Sachlage insofern etwas günstiger, als wenigstens 4 das gleiche Studium wie der Vater betreiben (davon allein 3 Mediziner); 4 sind höhere Reichs- oder Staatsbeamte, 6 Offiziere; 2 stehen in freien akademischen, 3 in künstlerischen, 7 in sonstigen bürgerlichen Berufen, 18 in Vorbereitung auf einen anderen als den vom Vater ausgeübten Beruf.

In Ansehung der Gemeindebeamten liegen die Dinge insofern etwas anders, als hier die Wege zum Amte des Vaters viel verschiedener gestaltbar sind, als im unmittelbaren Staatsdienste. Immerhin ist auch hier ein gewisser Abgang vom Berufe des Vaters nicht zu verkennen: von 22 Söhnen studieren 3 das gleiche Fach wie der Vater, 8 stehen in der Vorbereitung zu einem anderen Berufe; 2 sind höhere Reichs- oder Staatsbeamte, 3 Offiziere, und 6 gehen einem bürgerlichen Berufe nach.

Hinsichtlich der Töchter sei nur nachrichtlich angemerkt, daß bei unter 30 in Betracht kommenden 1 Krankenpflegerin, 13 Lehrerinnen, 2 Studentinnen, 6 Kunstbeflissene und 8 Angehörige sonstiger Berufe zu finden sind.

Dieser Statistik über den Beruf der Kinder sind die Tabellen V 1 und 2 gegenüberzustellen, welche die Berufe der Väter und der Großväter (väterlicherseits) der heutigen höheren Beamten nachweisen. Diese Tabellen dürfen gleichzeitig wohl auch an sich Interesse beanspruchen als ein Beitrag zur Beantwortung der Frage, aus welchen Kreisen sich heute unsere höheren Staats- und Kommunalbeamten rekrutieren.

Unter den insgesamt 268 unmittelbaren Staatsbeamten (Tabelle V 1) sind 11, die in der zum mindesten schon dritten Generation (hinsichtlich der früheren Generationen fehlt das Material), höhere Staatsverwaltungsbeamte sind. Werden zu den höheren Beamten auch die Gemeindebeamten in leitender Stellung, die Richter, Geistlichen und akademisch gebildeten Lehrer hinzugezählt, so erhöht sich die Zahl auf 31; werden weiter noch hinzugezählt die Fälle, in denen Vater oder Großvater Offiziere, mittlere oder untere Verwaltungsbeamte, sonstige Zivil- oder Militärbeamte oder Lehrer ohne akademische Bildung gewesen sind, so ergibt sich, daß von insgesamt 268 höheren Beamten immerhin nicht weniger als 63, also fast ein Viertel, die bereits dritte Generation im Staatsdienste im weiteren Sinne repräsentieren. Besonders bemerkenswert ist dabei der Auf-

Tabelle V, 1. **Beruf des Vaters und Großvaters (väter-**

Beruf des Beamten	Beruf des Vaters	Reichs- und Staatsbeamter			Kommunalbeamter		Richterlicher Beamter	Geistlicher	Lehrer des	
		höherer	mittlerer	unterer	höherer	mittlerer			mit akademische(r) Vorbildung	ohne akademische(r) Vorbildung
I. Höherer unmittelbarer Staatsbeamter	Reichs- u. Staatsbeamter höherer	11	1	.	1	.	3	2	2	1
	mittlerer	1	1	.	.	1	.	.	.	1
	unterer	.	.	.	.	.	.	.	.	.
	Kommunalbeamter höherer	2	.	.	.	.	.	.	.	.
	mittlerer	.	.	.	.	1	.	.	.	.
	Richterlicher Beamter	.	.	.	.	.	3	2	2	.
	Geistlicher	1	.	.	.	.	.	1	.	1
	Lehrer mit akademische(r) Vorbildung	.	.	2	.	.	.	.	.	1
	Lehrer ohne Vorbildung	.	.	1	.	.	.	.	.	4
	Offizier	2	.	.	.	.	.	.	.	.
	Sonstiger Militär- und Zivilbeamter	2	1	.	.	.	.	.	.	2
	Freie akademische Berufe Künstler, Schriftsteller u. Journalist	1	2	.	.	.	.	.	.	.
	Gewerbe- und Handeltreibender	2	2	.	.	.	1	1	.	2
	Handwerker	1	.	.	.	.	.	.	.	.
	Arbeiter	.	.	.	.	.	.	.	.	.
	Landwirt selbständiger	1	.	.	.	.	.	1	.	.
	unselbständiger	.	.	.	.	.	.	.	.	.
	Rentner und Privatier	1	.	.	.	.	.	.	.	.
	Unbekannt	.	.	.	.	.	.	.	.	.
	Insgesamt	25	7	3	2	1	7	7	4	12

Anmerkung. Durch fetten Druck hervorgehoben sind die Zahlen derjenigen Fälle, gerahmten Zahlen bezeichnen die Fälle, in denen der gegenwärtige Beamte bereits die (min-

stieg aus Lehrerfamilien. In 4 Fällen war der Vater des heutigen höheren Staatsbeamten ebenso wie der Großvater Mittelschul- oder Volksschullehrer, in 1 Fall der Großvater Unterbeamter und der Vater Volksschullehrer, in 1 Fall der Vater mittlerer Beamter und der Großvater Volksschullehrer; in 3 Fällen war bereits der Vater aus dem Lehrerhaus heraus in eine akademische Laufbahn eingetreten.

Um erst die zweite Beamtengeneration handelt es sich in weiteren 67 Fällen, also ein zweites Viertel, in denen zwar der Vater schon im Staatsdienste — sei es als Verwaltungsbeamter, sei es als Richter, Geistlicher, Lehrer, Offizier oder in sonstigem Militär- oder Zivilamte — gestanden hat, selbst aber aus einem Nichtbeamtenhause stammte; und zwar war hier der Großvater in

licherseits) der unmittelbaren Staatsbeamten

	Großvaters											
Offizier	Sonstiger Militär- ob. Zivilbeamter	Freie akademische Berufe	Künstler, Schriftsteller u. Journalist	Gewerbe- und Handeltreibender	Handwerker	Arbeiter	Landwirt selbständiger	Landwirt unselbständiger	Rentner und Privatier	Unbekannt	Summe
1	2	.	.	6	2	.	8	.	.	1	41
.	.	1	.	2	1	.	4	1	.	1	14
.	.	.	.	.	.	.	2	.	.	.	2
.	.	1	.	2	.	.	1	.	.	.	6
.	1	.	.	.	.	.	.	.	.	.	2
.	.	.	.	2	.	.	.	.	.	.	9
.	.	.	.	4	1	.	1	.	.	.	9
.	.	.	.	4	3	.	.	.	.	.	10
.	.	.	.	2	1	.	7	.	1	.	16
3	.	.	.	1	.	.	3	.	.	.	9
2	1	.	.	1	1	.	2	.	.	.	12
.	.	3	.	1	.	.	2	.	.	.	9
.	.	.	.	1	1	.	.	.	.	.	2
1	.	3	.	36	1	1	12	2	2	1	67
.	.	.	.	2	5	.	2	.	.	1	11
.	.	.	.	.	.	1	.	.	.	.	1
.	.	.	.	2	.	.	35	.	1	.	40
.	.	.	.	1	2	.	3	.	1	.	8
7	4	8	.	67	18	2	82	3	5	4	268

in denen Vater und Großvater die gleichen Berufe hatten. Die von den starken Linien eindestens) britte Generation im öffentlichen Dienst repräsentiert.

2 Fällen Angehöriger der freien akademischen Berufe (Arzt, Rechtsanwalt), in 24 Fällen Gewerbe- oder Handeltreibender, in 9 Fällen Handwerker, in 28 Fällen selbständiger, in 1 Falle unselbständiger Landwirt, in 1 Falle Rentier, während in 2 Fällen eine Angabe nicht vorliegt.

Die Väter von 127 unmittelbaren Staatsbeamten schließlich gehörten bürgerlichen Berufen, diejenigen von 11 freien akademischen oder künstlerischen Berufen an. Das Schwergewicht liegt dabei bei den Gewerbe-, Handel- und Landwirtschafttreibenden, und zwar darunter in 36 Fällen so, daß sowohl Vater wie auch Großvater Gewerbe- und Handeltreibende und in 35 Fällen so, daß beide selbständige Landwirte waren. Als bemerkenswerter Einzelfall mag hervorgehoben werden, daß einer der höheren unmittelbaren Staats-

Tabelle V, 2. **Beruf des Vaters und Großvaters (väter-**

Beruf des Beamten	Beruf des Vaters	Reichs- und Staatsbeamter höherer	mittlerer	unterer	Kommunalbeamter höherer	mittlerer	Richterlicher Beamter	Geistlicher	Lehrer mit akademische(r) Bildung	ohne akademische(r) Bildung
II. Höherer Kommunalbeamter	Reichs- u. Staatsbeamter höherer	4	1	.	.	.	1	1	.	.
	mittlerer	.	1	.	1	.	.	.	.	.
	unterer	.	.	.	.	.	.	.	.	.
	Kommunalbeamter höherer	1	.	.	1	.	1	.	.	.
	mittlerer	.	.	.	.	.	.	.	.	.
	Richterlicher Beamter	2	.	.	.	.	1	.	.	.
	Geistlicher	.	.	.	.	.	.	5	1	.
	Lehrer mit akademische(r) Vorbildung	2	1	.	.	.	.	2	3	2
	ohne Vorbildung	.	.	.	.	.	.	.	.	1
	Offizier	.	.	.	1	.	.	.	.	.
	Sonstiger Militär- und Zivilbeamter	2	1	.	.	.	.	2	.	.
	Freie akademische Berufe Künstler, Schriftsteller u. Journalist	1	.	.	.	.	.	2	.	.
	Gewerbe- und Handeltreibender	1	1	.	2	1	.	3	.	2
	Handwerker	.	.	.	.	.	.	.	.	.
	Arbeiter	.	.	.	.	.	.	.	.	.
	Landwirt selbständiger	.	.	.	.	.	.	.	.	.
	unselbständiger	.	.	.	.	.	.	.	.	.
	Rentner und Privatier	.	.	.	.	.	.	.	.	.
	Unbekannt	.	.	.	.	.	.	.	.	.
	Insgesamt	13	5	.	5	1	3	15	4	5

Anmerkung. Durch fetten Druck hervorgehoben sind die Zahlen derjenigen Fälle, gerahmten Zahlen bezeichnen die Fälle, in denen der gegenwärtige Beamte bereits die (min-

beamten des Bezirks sowohl Vater wie Großvater und einer wenigstens den Großvater im Arbeiterstande hat.

Daß hinsichtlich der Gemeindebeamten (Tabelle V 2) das Bild ein etwas anderes ist als bei den Staatsbeamten, kann nicht wundernehmen. Da sich der Beruf eigentlich erst in den letzten Jahrzehnten zu einem solchen entwickelt hat, tritt die Zahl der geschlossenen „Berufsgenerationen" naturgemäß zurück. Auf der anderen Seite bringt der enge Zusammenhang zwischen Gemeindeverwaltung und gewerblichem Leben es mit sich, daß der bürgerliche Einschlag hier größer ist als dort. Bei insgesamt 231 höheren Kommunalbeamten gehörten in 43 Fällen Großväter wie Väter dem Beamtenstande im oben bezeichneten weiteren Sinne an. Wenigstens auf die Väter, aber nicht auf die Großväter trifft gleiches 58 mal zu. Auffällig

licherseits) der höheren Kommunalbeamten

Großvaters

Offizier	Sonstiger Militär= od. Zivil= beamter	Freie akade= mische Berufe	Künstler, Schrift= steller u. Journalist	Gewerbe= und Handel= treibender	Hand= werker	Ar= beiter	Landwirt selb= ständ= biger		unselb= stän= biger	Rentner und Priva= tier	Unbe= kannt	Summe
1	.	.	.	5	1	.	4		.	.	.	18
.	.	1	.	5	3	.	7		.	.	.	18
.	.	.	.	.	1	.	.		.	.	.	1
.	.	.	.	2	1	.	2		.	.	.	8
.	.	.	.	1	.	.	.		.	.	.	4
.	1	.	.	1	2	.	1		.	.	.	11
.	.	.	.	3	.	.	2		.	.	.	15
.	.	.	.	.	1	.	1		.	.	1	4
1	.	.	.	.	.	.	.		.	.	.	2
.	2	2	.	6	3	.	1		.	1	.	20
1	1	9	.	3	2	.	5		.	.	.	24
.	.	.	.	.	1	.	.		.	.	.	1
1	1	.	2	28	3	.	18		.	.	1	64
.	.	.	.	2	6	.	.		.	.	.	8
.	.	.	.	1	.	.	22		.	.	.	23
.	.	.	.	2	1	.	5		.	.	1	9
.	.	.	.	.	1	.	.		.	.	.	1
4	5	12	2	59	26	.	68		.	1	3	231

in denen Vater und Großvater die gleichen Berufe hatten. Die von den starken Linien ein= besten³) dritte Generation im öffentlichen Dienst repräsentiert.

ist der starke Anteil einerseits der Geistlichkeit, deren Söhne bzw. Enkel höhere Kommunalbeamte geworden sind: insgesamt 15 Großväter gegen 7 und 11 Väter gegen 9 bei den Staatsbeamten; anderseits der Ärzte und Anwälte (freie akademische Berufe): 12 bzw. 24 gegen 8 bzw. 9. Dagegen tritt der agrarische Einschlag zurück. Söhne selbständiger Landwirte finden wir hier nur 23 gegen 14 dort. —

Blicken wir auf alles Ausgeführte zurück: das Gesamt= ergebnis ist nicht erfreulich. Statt des neutralen Titels „Zur Wirtschafts= und Sozialstatistik der höheren Beamten in Preußen" hätte auch die Überschrift gewählt werden können „Vom wirtschaft= lichen und sozialen Niedergang des preußischen Beamtentums". Die praktischen Folgerungen, die daraus zu ziehen sind, werden sich ver= schieden gestalten, je nach der Warte, von der aus man die Dinge betrachtet. Auf jeden Fall aber hat der Staat alle Veranlassung, der geschilderten Entwicklung ernsteste Aufmerksamkeit zuzuwenden und vielleicht auch durch Ausgestaltung der hier geführten Untersuchungen zunächst für weitere Klarlegung der Verhältnisse zu sorgen. Für ihn und für die bis vor kurzem in unserem Volksleben führenden Kreise der Intelligenz heißt es: "Tua res agitur", und, trügen alle Zeichen nicht, nach Beendigung des Krieges — Gott gebe den Sieg! — werden die mit all dem zusammenhängenden Fragen akuter als je sein. Denn außer dem Heer hat das Beamtentum, und zwar nicht zuletzt das höhere, schon jetzt die große Feuerprobe höchstgesteigerter Ansprüche glänzend überstanden. Sollte dies nicht ein Grund mehr sein, es nach Kräften zu halten, ehe es zusammenstürzt?!

Printed by Libri Plureos GmbH
in Hamburg, Germany